बिहार में
निलहे कोठियों का इतिहास

बिहार में
निलहे कोठियों का इतिहास

मिंडेन विल्सन

प्रभात
पेपरबैक्स
www.prabhatbooks.com

प्रकाशक
प्रभात पेपरबैक्स
प्रभात प्रकाशन प्रा. लि. का उपक्रम
4/19 आसफ अली रोड, नई दिल्ली-110002
फोन : 23289777 • हेल्पलाइन नं. : 7827007777
इ-मेल : prabhatbooks@gmail.com ❖ वेब ठिकाना : www.prabhatbooks.com

संस्करण
प्रथम, 2022

अनुवाद
अजय कुमार त्रिवेदी

मूल्य
दो सौ पचास रुपए

मुद्रक
आर-टेक ऑफसेट प्रिंटर्स, दिल्ली

★

BIHAR MAIN NILAHE KOTHIYON KA ITIHAS
by Minden Wilson

Published by **PRABHAT PAPERBACKS**
An imprint of Prabhat Prakashan Pvt. Ltd.
4/19 Asaf Ali Road, New Delhi-110002

ISBN 978-93-5521-102-6

₹ 250.00

प्राक्कथन

प्रस्तुत पुस्तक के माध्यम से मिंडेन विल्सन रचित History of Indigo Factory in Bihar रिपोर्ट का हिंदी अनुवाद करने का प्रयास किया गया है। उपर्युक्त रिपोर्ट मिंडेन विल्सन ने लगभग दो वर्षों (1905-1907) के अथक परिश्रम के बाद बनाई थी। उनकी यह रिपोर्ट मुख्यत: उत्तर बिहार के क्षेत्रों के नील उद्योगों के संबंध में है। मिंडेन ने उत्तर बिहार की लगभग सभी छोटी-बड़ी नील फैक्टरी की स्थापना, क्रमिक विकास एवं उनके पतन का कारण सहित विस्तृत विवरण लिखा है। उत्तर बिहार के नील एवं चीनी उद्योगों के लिए बेहतर उत्पादन के तरीकों का भी उल्लेख किया गया है। उन्होंने बहुत ही रोचक ढंग से नील उद्योगों की स्थापना एवं उनके विकास की गाथा लिखी है।

जगजीवन राम संसदीय अध्ययन एवं राजनीतिक शोध संस्थान, पटना में कुछ वर्ष पूर्व (2018-19) चंपारण सत्याग्रह संबंधित शोध कार्य किये जा रहे थे। इसी क्रम में संस्थान के निदेशक श्रीकांत सर (चर्चित पत्रकार) की नजर उपर्युक्त रिपोर्ट पर पड़ी। उन्होंने इसे आज की पीढ़ी के शोधार्थियों के लिए एक महत्त्वपूर्ण दस्तावेज माना तथा अधिक-से-अधिक लोगों को इस दस्तावेज से रूबरू कराने के लिए इसके हिंदी अनुवाद की आवश्यकता समझी। उनके ही प्रोत्साहन एवं प्रेरणा से मैंने अनुवाद करने का प्रयास किया है। अनुवाद के जरिए मैंने विषय को

सरल एवं सुगम भाषा में हू–ब–हू रखने की कोशिश की है। इस पुस्तक में अनुवाद के क्रम में अगर कुछ त्रुटि रह गई हो तो क्षमा चाहता हूँ।

मैं जगजीवन राम संसदीय अध्ययन एवं राजनीतिक शोध संस्थान, पटना के कंप्यूटर ऑपरेटर श्री राकेश कुमार के प्रति भी आभार प्रकट करता हूँ, जिन्होंने मेरे इस कार्य में सहयोग किया। आशा करता हूँ कि पाठकों को मेरे द्वारा किया गया अनुवाद पसंद आएगा।

—अजय कुमार त्रिवेदी

प्रस्तावना

तिरहुत, चंपारण और सारण की नील फैक्टरियों का इतिहास लिखने का जो जिम्मा मैंने लिया है, इस मुश्किल काम को पूरा करने का मुझे भय सता रहा है। किसी भी परिस्थिति में यह मुकम्मल नहीं हो सकता कि इन फैक्टरियों की स्थापना किसने की तथा कब की, इसकी सही जानकारी उपलब्ध हो जाए। 1857 के मुश्किल भरे दौर में नील से संबंध रखनेवाले अनेक लोगों ने अपने-अपने स्वामित्व से संबंधित दस्तावेजों को सुरक्षा की दृष्टि से कलकत्ता भेज दिया था, जिसमें से अनेक दस्तावेज अब वहाँ नहीं पाए गए हैं। मैं अपने कलेक्टर मि. लेविंग (Levinge) के प्रति शुक्रगुजार हूँ, जिन्होंने नील से संबंधित पुराने दस्तावेजों को देखने का मुझे मौका दिया। मुझे आशा है कि इन दस्तावेजों को देखने के बाद मैं इस 'पेपर' को इतना दिलचस्प व रोचक बनाने में सफल हो पाऊँगा जितना कि कोई दस्तावेज दिलचस्प हो सकता है। पीछे की अवधि के अधिक-से-अधिक मालिकों एवं मैनेजरों के नामों का उल्लेख करने का मेरा विचार है। प्राचीन भारतीय इतिहास हमें बताता है कि मि. ग्रैंड की विधवा जिन्होंने मशहूर टैलीरैंड से विवाह कर लिया था, वे ही प्रथम यूरोपियन थीं, जिन्होंने तिरहुत में नील को पहली बार प्रस्तुत (Introduce) किया जबकि क्लाउड मार्टिन (Claude Martin) ने उत्तर-पश्चिम के इलाके में इसके विकास को प्रोत्साहित किया।

जिन दस्तावेजों के आधार पर मैंने नोट्स लिखे हैं, वे दरशाते हैं कि मि. ग्रैंड, वारेन हेस्टिंग के साथ बनारस में थे और जब वहाँ हंगामा हुआ तो वे बचकर चुनार चले गए।

वे लोग जल्दीबाजी में ही चुनार भागे होंगे, क्योंकि उस समय लड़कियों ने एक गाना गाया था— 'घोड़ा पर हौदा, हाथी पर जीन, भागे चुनार को वारेन हस्टीन।'

सन् 1782 में मि. ग्रैंड को तिरहुत का राजस्व कलेक्टर (Collector of Revenue) बनाकर भेजा गया जहाँ उन्होंने नील की तीन फैक्टरियों की स्थापना की। दुर्भाग्यवश उन्होंने इन फैक्टरियों का नामकरण नहीं किया। वे लिखते हैं कि इन फैक्टरियों में वे यूरोपियन तर्ज पर नील के उत्पादन का संचालन एवं नियंत्रण कर रहे हैं और निःसंदेह उनका काम अच्छा चल रहा है और वे अच्छी कमाई कर रहे हैं।

1786 ई. में लॉर्ड कार्नवालिस कलकत्ता आए। 1787 ई. में मि. ग्रैंड को आश्चर्य तब हुआ जब 29 अगस्त, 1787 को मि. बैथरस्ट (Bathurst) को तिरहुत का कलेक्टर बना दिया गया और मि. ग्रैंड को 1788 में बतौर जज पटना जाने का आदेश दिया गया। इसके तुरंत बाद उन्हें आदेश दिया गया कि वे तिरहुत की नील फैक्टरी को छोड़ दें या बेच दें। उन्होंने इस आदेश का प्रतिरोध किया, परिणामतः पटना में जज के रूप में उनके कार्यों की समीक्षा कर उनके विरुद्ध दोष मढ़कर उन्हें सेवा से बर्खास्त कर दिया गया।

मैंने 17··· (दुर्भाग्यवश आखिरी के दो अंक फट गए हैं, लेकिन संभवतः यह 1793 रहा होगा) का एक मेमो देखा है। इस मेमो में उल्लिखित बातें इस प्रकार की हैं, जो डुरिया फैक्टरी, जॉन फिंच के संबंध में हैं।

देश में आगमन का वर्ष—1778

अटर फैक्टरी, जेम्स जेंटिल—1773

ढ़ोली और दाउदपुर फैक्टरी

विलियम औरवे हंटर—1786

काँटी फैक्टरी, अलेक्जेंडर नोवेल—1783

सिंधिया फैक्टरी, थॉमस पार्क—1783

शाहपुर फैक्टरी, रिचर्डसन पूर्वीस—1783

4 अगस्त, 1793 को तिरहुत के जज जे. नीव (J. Neave) ने अटर फैक्टरी के नील के प्लांटर्स जेम्स जेंटिल को एक पत्र लिखकर कहा कि वे चैन चौधरी के विरुद्ध दिवानी अदालत में एक मुकदमा दायर करें। राजस्व नियमावली की 38वीं अनुसूची के अनुसार मुकदमा दायर करने से पूर्व पेनल्टी बॉण्ड पर हस्ताक्षर करने को भी कहा। जज ने यह भी कहा कि वे अपना प्रतिनिधित्व किसी वकील के द्वारा करें और वे उनसे व्यक्तिगत रूप से इस मुकदमे तक बात न करें, क्योंकि विरोधी पक्ष उन पर अतिरेक न्यायिक सूचना प्राप्त करने की शिकायत कर सकता है जबकि उन्हें ऐसा करने का कोई भी अधिकार नहीं है।

कन्हौली के ओंगा चौधरी और कुछ अन्य रैयतों ने दाउदपुर फैक्टरी के मि. हंटर के विरोध में आवेदन देकर कहा कि वे जमीन पर नील की खेती के लिए जबरन कुदाल चलवा रहे हैं। मि. हंटर के संबंध में ऐसी अभियुक्ति है कि वे एक उपद्रवी किस्म के आदमी हैं। जज ने मि. हंटर को लिखा था कि वे प्रतिदिन (रविवार को छोड़कर) नौ बजे सुबह से चार बजे शाम तक जज के कोर्ट में कुछ विशेष धाराओं का अध्ययन करें। कुछ दिनों के बाद हंटर ने जवाब दिया, 'किस कमरे में?'

2 नवंबर, 1793 ई. को तिरहुत के जज मि. नीव ने एक पत्र लिखकर सरैया फैक्टरी में रह रहे फ्रेंच नागरिक डोंबल से पूछा कि क्या उन्होंने तिरहुत में रहने के लिए गवर्नर जनरल ने अनुमति प्राप्त कर ली है? यदि ऐसा नहीं किया गया है तो उन्हें आदेश दिया जाता है कि वे तिरहुत छोड़ तुरंत कलकत्ता के लिए रवाना हो जाएँ। डोंबल को यह भी

आदेश दिया गया कि वे सरैया से कलकत्ता जाने के समय का उल्लेख करते हुए सूचना दें ताकि कोर्ट के एक अधिकारी को उनके साथ लगाया जा सके। कोर्ट का यह अधिकारी उन्हें कलकत्ता लेकर जाएगा और वहाँ मिलिट्री सेक्रेटरी के हाथों उन्हें सौंप देगा।

मि. नीव ने 17 फरवरी, 1793 की ढ़ोली फैक्टरी के जेम्स आर्नोल्ड को पत्र लिखा। पत्र में मि. नीव ने लिखा कि मि. जेम्स ने देश में रहने हेतु जिस अनुमति पत्र की प्रति उन्हें भेजी थी, वह प्राप्त हो गई है। उन्होंने जेम्स को आगे लिखा कि जिस ब्राह्मण को आपने पीटा है, यदि वह क्रिमिनल कोर्ट में शिकायत करेगा तो आपको उस विषय पर मुझसे आधिकारिक रूप से बात करनी होगी। इस बीच पूरी गंभीरता से मैं आपको सजग कर रहा हूँ कि आप गाँववालों के बुरे व्यवहार के प्रति सावधान रहें। सिंधिया के एक व्यापारी थॉमस पार्क के नाम लिखा एक पत्र है जिसमें थॉमस को कहा गया है कि वे एक महीने के भीतर जिला छोड़ दें और कलकत्ता चले जाएँ। उन्हें यह सजा कोर्ट की अवमानना करने के कारण दी गई। जिस प्रत्यर्पण कानून के तहत ब्रिटेन के सभी नागरिकों को मूलरूप से रहने के लिए बंदोबस्त स्थान के 10 मील की परिधि के अंदर ही रहना है। इस परिधि से बाहर के क्षेत्र में रहने के लिए गवर्नर जनरल से विशेष लाइसेंस लेने को आवश्यक बनाया गया है। ईस्ट इंडिया कंपनी या प्रेसिडेंट या कोई भी व्यक्ति लाइसेंस में दी गई समय अवधि से अधिक समय तक उस स्थान में नहीं रह सकता जिस स्थान में रहने के लिए उसे लाइसेंस दिया गया है।

एलेन (Allen's) के इंडियन मेल बंगाल, इंडिगो प्लांट्र्स वॉल्यूम XVI. नं. 358, 2 अगस्त, 1858 के पृष्ठ संख्या 643 का उद्धरण इस प्रकार है। बंगाल के प्रथम अंग्रेज प्लांटर मि. रॉबर्ट हीवन थे, जिन्हें 1787 ई. में बंगाल जाकर नील की खेती करने के लिए पाँच वर्षों की अनुमति दी गई थी। इसके तुरंत बाद ईस्ट इंडिया कंपनी ने नील की खेती के

लिए पूँजी लगाना प्रारंभ कर दिया, लेकिन मन-मुताबिक मुनाफा नहीं होने के कारण कंपनी ने नील की खेती से अपने को अलग कर लिया। हालाँकि निजी उद्यमी नील की खेती से फल-फूल रहे थे। 1802-03 में पूरे विश्व में जावा के अतिरिक्त नील में बंगाल का कोई प्रतिद्वंद्वी नहीं था। उस समय का उत्पादन 60,000 मन से अधिक का नहीं था। इसके बाद उत्पादन (1802-63) 172,000 मन हो गया। इसका उत्पादन एवं निर्माण अर्थात् नील का व्यापार भी देश के अन्य व्यापारों की ही भाँति अत्यंत असुरक्षित एवं नाजुक होता है तथा इसे स्थानीय स्तर पर भी बदमाशों एवं धूर्त लोगों का सामना करना पड़ता है। देशी बीज विक्रेता पुराने बीजों को तेल से पोंछकर चमकीला बना देते हैं, जिसके कारण पुराने बीज भी नए बीज जैसे दिखने लगते हैं। नील के पौधों के लिए दोमट मिट्टी को सबसे अच्छा माना गया है, कठोर काली मिट्टी अधिक पोषक होती है, लेकिन नील के लिए यह कम फायदेमंद होती है। इसके बाद लेखक बताते हैं कि वर्षा के जोखिम, खेत को जोतने की कठिनाई आदि से जूझना पड़ता है। ये जोखिम इतने अधिक होते हैं कि नील के उत्पादन के साथ-साथ अन्य व्यापार भी करना एक आम बात हो गई है। बंगाल के सभी बड़े नील व्यवसायी सिल्क का विस्तृत व्यापार भी साथ-साथ करते हैं। पूरे देश में चिंता हो रही है कि विगत दस वर्षों से नील के व्यवसाय में ऋतु-दर-ऋतु केवल हानि हो रही है; पूँजीपति कंगाल हो गए और दस वर्ष पूर्व जिस व्यक्ति के पास तीन-चार लाख रुपए थे, आज उनके पास एक रुपया बचा है। हम लोगों ने एक भद्र पुरुष के विगत मेल में सुना कि उन्होंने एक-चौथाई रुपए भी नहीं लगाए और नील के व्यवसाय से 50,000 पौंड कमाकर इंग्लैंड लौटे।

लंबे समय से ब्रिटिश उपनिवेशी को भूमि पर स्वामित्व का अधिकार नहीं था। जिस भूमि पर उन्होंने अपना घर बनाया था, उस भूमि पर भी उन्हें स्वामित्व का अधिकार नहीं था।

कंपनी के कुछ झक्की किस्म के मनमौजी अफसर उपनिवेशियों के साथ बदतमीजी कर उल्टे उनके ही व्यवहार की शिकायत कर उनके खिलाफ तत्क्षण देश निकाला की कारवाई कर सकते थे। अभी हाल ही में एक दृष्टांत सामने आया है जिसमें मि. चैपमैन, सी.एस. और नील उत्पादक मि. डेमेरील के संबंधों की झलक मिलती है, जो यह दरशाता है कि शत्रुता की भावना या जिसे 'टाइम्स' ने उपनिवेशियों के लिए 'परंपरागत नीति' कहा है, अभी तक अस्तित्व में बना हुआ है। जहाँ-जहाँ नील उत्पादक बसे, वे उसमें निश्चित रूप से शत्रुभाव रखनेवाले जमींदारों से घिरे थे। कंपनी इन जमींदारों को बिना अधिकार के दखल देनेवाला व्यक्ति मानती थी जबकि जमींदार अपने सामंती अधिकारों के तहत दखल देना अपना अधिकार मानते थे। इस प्रकार ब्रिटिश उपनिवेशियों और जमींदारों के लठैत लाठियों से लैस होकर अकसर लड़ने के लिए एक-दूसरे के सामने हो जाया करते थे। निःसंदेह अभी भी व्यापक पैमाने पर अशांति बनी हुई है। मिशनरीज भी परिस्थिति की विचित्रता को ठीक से समझे बिना ही जमींदारों एवं नील उत्पादकों को रैयतों का शोषक मानकर, उनकी निंदा करने लगे। हम पाते हैं कि मिशनरीज द्वारा काले श्रमिकों के गोरे नियोक्ताओं के खिलाफ उग्र विरोध करना भारत के संबंध में कोई अद्‍भुत नहीं है।

हमलोग उस घटना को याद कर सकते हैं जिसमें वेस्टइंडीज के मालिकों पर मिशनरीज द्वारा निरर्थक एवं आक्रामक रूप से वाक्‌युद्ध किया गया। प्रशंसनीय एवं बुद्धिमान स्व. मेटकाफ की जीवनी जिन्होंने पढ़ी है, उन्हें पता है कि गुलामी की मुक्ति के अनेक वर्षों बाद भी जमैका के मिशनरीज ने उनका व्यापक विरोध किया था। उस समुदाय के लोग ही भारत में भी विरोध कर रहे हैं।

अब मैं तिरहुत की विभिन्न नील फैक्टरियों के इतिहास को लिखने का कार्य प्रारंभ कर रहा हूँ।

—मिंडेन विल्सन

अनुक्रम

बिहार में निलहे कोठियों का इतिहास

चंपारण की फैक्टरियाँ

बिहार में ब्रिटिश नील की विशिष्टताएँ

—डॉ. अभय कुमार

नील फैक्टरियों के किस्से आमतौर पर उत्तर बिहार से जुड़े हैं, वह भी चंपारण और तिरहुत से। इसका मुख्य कारण यह रहा है कि नील की खेती में शोषण पर आधारित तौर-तरीके के खिलाफ और भी नीलहे रैयतों (नील की खेती करनेवालों) के प्रति हो रहे अत्यधिक आर्थिक उत्पीड़न के खिलाफ चंपारण में सत्याग्रह हुए। इसलिए भारत में उपनिवेशवाद के शोषक चरित्र व साथ ही इसके प्रतिरोध के अध्ययन में रुचि रखनेवालों और इतिहासकारों के लिए उत्तर बिहार में नील की खेती जिज्ञासा के विषय रहे हैं। जबकि तथ्य यह है कि गंगा नदी के दक्षिणी भाग में स्थित अन्य जिलों जिसमें शाहाबाद, मुंगेर और भागलपुर शामिल थे, वहाँ भी नील की खेती होती थी, परंतु गंगा के उत्तर में जो जिले थे—मुजफ्फरपुर, चंपारण, दरभंगा और सारण, ये ही नील उत्पादन के मुख्य क्षेत्र रहे।

दूसरा, यह भी मानना गलत है कि नील एक ऐसी चीज थी, जिसे भारत में यूरोपियों के द्वारा लाया गया। वास्तव में, नील की खेती लंबे समय से न सिर्फ बिहार में, बल्कि समस्त भारत में हुआ करती थी। उस समय इस क्षेत्र में ये यूरोपियन फैक्टरियाँ नहीं बनी थीं। यह डचों

के द्वारा जब 1660 में निर्यात किया गया था, तब यूरोप को इसका पता चला। नील के पौधों की 40 से भी ज्यादा प्रजातियाँ भारत में हुआ करती थीं और ज्यादातर स्थानीय यूरोपियनों के आगमन से पहले और नील के निर्यात विकास से पहले यह रंग स्थानीय प्रजातियों से प्राप्त किया जाता था। शुरू में, यह भ्रम था कि इन Indigenous प्रजातियाँ को एक स्थान से दूसरे स्थान पर नहीं ले जाया जा सकता। बहुतेरी बाहरी प्रजातियों को कृषि और बागवानी से समितियों द्वारा भारत में लाया गया। ये सोसाइटी भारत और इंग्लैंड दोनों जगहों पर हरित नील के अनुसंधान और उत्पत्ति के लिए उत्तरदायी थीं। उन्नीसवीं सदी के अंत तक बिहार में नील का एकमात्र लोकप्रिय वेरायटी इंडिगोफेरा सुमात्रा था, जिसे अठारहवीं सदी के अंत में फैक्टरी सिस्टम शुरू होने के क्रम में इस प्रांत में लाया गया था।

निर्यात कारोबार बढ़ने के साथ ही, जो कि अठारहवीं सदी के मध्य में इंग्लैंड व अन्य यूरोपीय देशों में टेक्सटाइल उद्योग के विकास के कारण हुआ था, नील के बड़े पैमाने पर उत्पादन की जरूरत आ पड़ी और इन सबके लिए जरूरी था नील के उत्पादन के लिए विशाल कृषि के क्षेत्र पर कब्जा और फैक्टरियाँ खड़ी करने के लिए बड़ी पूँजी।

बंगाल और बिहार में औपनिवेशिक हालात के चलते कई यूरोपियन मुख्यतः अंग्रेज, जिनमें अधिकारी व गैर-अधिकारी दोनों ही तरह के लोग थे, और जिनके पास निवेश के लिए पूँजी थी, इस क्षेत्र में नील फैक्टरियाँ स्थापित करने के लिए प्रेरित हुए। इस प्रकार यही वह यूरोपियन वर्ग था, जिसने फैक्टरी सिस्टम के माध्यम से नील की खेती के आधुनिक तौर-तरीकों की शुरुआत की। सन् 1778 में भारत में नील उत्पादन की आधुनिक पद्धति अपनाई जा चुकी थी। सबसे पहले बंगाल अगुआ बना। मि. बोनॉड, जो सेंट डोमिंगो (विध्वंस से पहले) के फ्रेंच वेस्टइंडीज कॉलोनी का रहनेवाला था, वह नील का महत्त्वपूर्ण उत्पादक बन गया। सन् 1777 में कलकत्ता आने के साथ ही उसने बंगाल में नील की कई

फैक्टरियाँ आरंभ कीं। बिहार में यूरोपियनों के द्वारा नील उत्पादन का पहला रिकॉर्ड सन् 1778 के आसपास का है। मि. अलेक्जेंडर नॉएल, जो नॉएल एंड कंपनी के संस्थापक थे, को इस इंडस्ट्री का मुख्य अगुआ होने का श्रेय दिया जाता है। परंतु जॉर्ज फैंकोइस ग्रैंड, जो तिरहुत के प्रथम कलेक्टर थे, उन्होंने ही 1785 में उत्तर बिहार में बहुत अधिक पेशेवर तरीके से नील की खेती को बढ़ाया। वे एक प्राचीन फ्रेंच परिवार के सदस्य थे, जो इंग्लैंड में बसे हुए थे। वे भारत में एक कैडर के रूप में आए और कुछ वर्षों के बाद कलकत्ता में राइटर के पद पर रहे। वे कुछ समय तक वारेन हेस्टिंग्स के साथ भी रहे। चंदरनगर में उन्हें नील के बारे में थोड़ी बहुत जानकारी मिली, शायद मि. बोनार्ड से। भारी मुनाफे को देखते हुए बहुत जल्द ही यूरोपियनों की रुचि नील की खेती में तेजी से बढ़ने लगी, खासकर तिरहुत क्षेत्र में। मि. ग्रैंड की देखा-देखी कई दूसरों ने भी इसका अनुसरण किया और 1810 आते-आते कई नील फैक्टरियाँ खुल गईं, जिनमें प्रत्यक्ष या परोक्ष रूप से लगभग 50,000 लोग कार्यरत थे। इन उत्पादकों ने केवल नील की खेती को ही नहीं बढ़ाया, बल्कि गन्ने की खेती में भी अच्छी कमाई की। मुजफ्फरपुर जिले में पुरानी फैक्टरियाँ दाउदपुर, सरैया, दुली, अथर शाहपुर, काँटी, मोतीपुर (1789 में यहाँ डच द्वारा चीनी मील स्थापित किया गया था), देवरिया व बनारा में थीं। सारण में पहली फैक्टरी सोनपुर थाना के सीतापुर में थी और चंपारण के बारा में कर्नल हिक्की द्वारा पहली फैक्टरी स्थापित की गई। पूर्णिया में मिथ्रौंउ के पहले से ही नीलगंज, पूर्णिया शहर के पास एक फैक्टरी थी। 1850 के दशक में ये यूरोपीय नील उत्पादक न सिर्फ गंगा के उत्तरी जिलों में बढ़े, बल्कि दक्षिण बिहार के भी कई जिलों में इनका विस्तार हुआ।

हालाँकि चंपारण का क्षेत्र नील उत्पादकों के लिए प्रथम पसंद नहीं था और यहाँ नील का औपनिवेशीकरण धीमी गति से था, परंतु उन्नीसवीं

सदी के उत्तरार्ध में उत्पादकों ने दो कारणों से इस पर मजबूत पकड़ बना ली। पहला, 1860 का नील विद्रोह जिसके बाद बंगाल से नील उत्पादकों का पलायन हुआ और दूसरा था नील की ऊँची कीमत जिसके चलते उत्पादकों ने गन्ने की खेती रोककर नील को अधिक अपनाया। एक तीसरा कारण भी रहा कि 1857 के गदर के बाद सरकार द्वारा यूरोपियनों को नील उत्पादन के लिए प्रोत्साहित किया जाना, जिसके कारण आबादी के नए पॉकेट बनाकर काफी मुनाफा अर्जित किया जाए, ताकि इमरजेंसी में साम्राज्य को मदद मिल सके। ऐसे में कई परंपरागत सरदारों को उनकी अदूरदर्शिता के चलते उनके मालिकाना हक को पट्टे पर दिए जाने के लिए बाध्य किया गया। इस प्रकार यूरोपियन को बड़े पदों पर आसीन होने का रास्ता बन गया, लेकिन सबसे महत्त्वपूर्ण कारण रहा 1876 में बेतिया राज का आर्थिक संकट। इस एस्टेट की माली हालत सुधारने के लिए, गुलीलैंड हाउस की ओर से लगभग 95 लाख का लोन इसी शर्त पर दिया गया कि नील उत्पादकों को सभी गाँव स्थायी पट्टे पर दिए जाएँगे। इन सबके चलते 1890 आते-आते चंपारण जिले के लगभग आधे हिस्से में जमींदारों की कृषि योग्य भूमि में नील उत्पादन होने लगा। हालाँकि, इसका कोई आँकड़ा उपलब्ध नहीं है कि बिहार में इन नील फैक्टरियों में कितने श्रमिक लगे हुए थे, परंतु 1902-03 में प्रकाशित सरकारी रिपोर्ट में भारत में सभी नील फैक्टरियों में 81,000 से भी ज्यादा श्रमिक कार्यरत थे और इनमें से बिहार में सबसे अधिक थे। श्रमिकों की संख्या के लिहाज से देखा जाए तो यह उस वक्त भारत के किसी अन्य सेक्टर की तुलना में इस क्षेत्र में सर्वाधिक श्रमिक थे। दूसरे नंबर पर था सूती उद्योग, जिसमें लगभग 65,000 श्रमिक थे। तथ्यों के मामले में ये नील फैक्टरियाँ ग्रामीण बंगाल और बिहार में सबसे पहले विशाल संगठन के रूप में चल रही थीं, जो अपनी प्रकृति में सैन्य या धार्मिक नहीं थीं।

बंगाल और बिहार में बड़े पैमाने पर नील फैक्टरियों में वृद्धि के

साथ ही कलकत्ता 19वीं सदी में भारत में नील के व्यापार का सबसे बड़ा केंद्र बन गया। नील व्यापार के आढ़तिए कलकत्ता में एकत्र हुआ करते और भारत के विभिन्न भागों से लाई गई विभिन्न किस्म की नीलों की बोली लगाकर कीमत तय करते। आमतौर पर दिसंबर से फरवरी महीनों के बीच बिक्रियाँ होतीं और न्यूयॉर्क, लंदन और अन्य यूरोपीय राजधानियों से एजेंट इसे खरीदने आया करते थे।

बंगाल क्षेत्र और साथ ही उत्तर बिहार में नील के तीव्र विकास तथा सन् 1800 से उन्हें प्रदत्त कीमत संरक्षण के बावजूद, यू.आई. इंडिगो दोआब और बनारस क्षेत्रों से निर्यात किए जानेवाले नील का लगभग 25 प्रतिशत आपूर्ति करने में सक्षम था। इस प्रकार कोई भी यह निष्कर्ष निकाल सकता था कि यू.आई. सिस्टम भेजे जानेवाले नील के उत्पादन में सक्षम था, जो बंगाल इंडिगो के फैक्टरी सिस्टम से प्रतिस्पर्धा करने में समर्थ था।

यू.आई. इंडिगो उत्पादन प्रणाली में क्या था? उदाहरण के लिए, आगरा में व्यक्तिगत तौर पर किसान नील उपजाते थे। गुजरा में, ज्यादातर किसान व्यक्तिगत तौर पर इसकी खेती करते थे। रंग (नील) का निष्कासन बिचैलियों के द्वारा होता था, जो अंतिम उत्पाद को बेचा करते थे। इस बात का कोई साक्ष्य मौजूद नहीं है कि यू.आई. प्रणाली में संलग्न पार्टियों द्वारा किसी का उत्पीड़न हुआ हो।

ठीक दूसरी तरफ, बंगाल और बिहार में ब्रिटिश नील कंपनियाँ बहुत बड़े पैमाने पर कार्यरत थीं। सभी प्लांटों में बड़ी संख्या में स्थायी कर्मचारी थे, भंडारगृह और फैक्टरियाँ स्थापित थीं, आदि। उनकी कार्यप्रणाली में उत्पीड़न एक रुटीन की तरह था, जो यू.आई. सिस्टम में नहीं था। साथ ही, उत्पादकों और कृषकों के बीच अनुबंध या वैधानिक रिश्ता विभिन्न क्षेत्रों में अलग-अलग चरित्र के थे। बल्कि, एक ही क्षेत्र में कृषकों के हालात किसी फैक्टरी के जोतदार के जैसे या पट्टेदारी में बँधे होने या

एक दिहाड़ी मजदूर की तरह थे। दूसरे शब्दों में कहें तो बिहार में नील की खेती के अलग-अलग तरीके प्रचलित थे। एक ऐसा भी सिस्टम था, जिसे 'जेरत' कहा जाता था, जिसमें फैक्टरी द्वारा सीधे ही खेती कराई जाती थी। एक अन्य असामीवार में फैक्टरी रैयतों के साथ ऐसा अनुबंध किया करती थी कि वे अपनी जोत के कुछ निश्चित भाग में नील उपजाएँगे और बदले में फैक्टरी द्वारा प्रति एकड़ एक निश्चित मूल्य दिया जाता था। इस रकम का पैदावार की स्थिति से लेना-देना नहीं होता था। इसी असामीवार सिस्टम में एक सुधार हुआ, जिसे 'खुस्की' कहा गया। इस सिस्टम में रैयतों को अपने जोत के एक निश्चित भाग में नील उपजाना पड़ता था और यह उत्पाद फैक्टरी को प्रति गांज (ढेर) नियत किए गए मूल्य पर बेचना था।

इतनी विभिन्नताओं के होते हुए भी नील की खेती हेतु बेहतरीन भूमि श्रम हासिल करने के लिए किसानों पर हमेशा ही कानूनी, गैर-कानूनी तरीकों का बलपूर्वक इस्तेमाल किया गया। परिणामस्वरूप, किस जमीन पर कौन सी फसल पैदा करनी है, इसको चुनने का अधिकार किसानों को नहीं रहा।

1. ईस्ट इंडिया कंपनी, इसके सेवक और प्राइवेट ब्रिटिश व्यापारी अपने धन के अंतरण और आयातों के लिए भुगतान प्रेषण हेतु नियमित माध्यम विकसित करने के इच्छुक थे।
2. सिर्फ किसी मुख्य वस्तु का ही निर्यात किया जा सकता था, क्योंकि भारत में निर्मित वस्तुओं के निर्यात की माँग नहीं थी।
3. पश्चिमी भारत के उत्पादक नील की जगह कॉफी और गन्ने की खेती करने लगे थे, जो ज्यादा फायदेमंद था तथा ब्रिटिश कपड़ा उद्योग को नील की आपूर्ति अमेरिका और ग्वाटेमाला जैसे अन्य स्रोतों से अनिश्चित था, क्योंकि उनकी शत्रुता जारी थी।

4. बंगाल के नील को यू.आई. नील की तुलना में सन् 1800 में न्यायालय के निदेशकों द्वारा एक महत्त्वपूर्ण निर्णय के तहत मूल्य संरक्षण मिला हुआ था।
5. बंगाल के नील को आरंभिक मूल्य संरक्षण प्रदान करने के बाद उत्पादकों को अग्रिम वित्तीय मदद भी प्रदान की गई और
6. यू.आई. नील की तुलना में बंगाल के नील की क्वालिटी बढ़िया थी।

बिहार में ब्रिटिश नील प्रणाली की गति को जाँचने के क्रम में यह आवश्यक है कि एक तरफ उत्पादकों और दूसरी तरफ जमींदारों व किसानों के संबंधों की पड़ताल की जाए। उन्नीसवीं सदी में उत्तर बिहार में नील फैक्टरियों के तीव्र विस्तार को ध्यान में रखते हुए यह कहा जा सकता है कि जैसा कि प्रो. सुरेंद्र गोपाल लिखते हैं, "नील फैक्टरियों का यह विस्तार स्थानीय किसान या जमींदार तथा यूरोपीय नीलहों के मध्य बिना किसी महत्त्वपूर्ण संघर्ष के ही प्राप्त किया गया था। यहाँ इस बात पर भी ध्यान देने की जरूरत है कि किसानों और नीलहों के बीच समझौते का स्वरूप कुछ भी हो, नील के उत्पादन को लाभकारी बनाने हेतु स्थानीय जमींदारों का सतत सहयोग अति आवश्यक था। यह सहयोग वहाँ तो और भी जरूरी था, जहाँ स्थानीय जमींदारों द्वारा नील की खेती के लिए जमीनें नीलहों को दी गई थीं। इस व्यवस्था में, जिसे 'जिरात' कहा गया, रैयतों के उनके पारंपरिक अधिकार से भी वंचित कर दिया जाता था तथा वे एक खेतिहर मजदूर बनकर रह जाते थे। यद्यपि 1840 में स्थानीय जमींदार और एक नीलहे के बीच संघर्ष का उदाहरण मिलता है, जिसमें नौ लोग घायल हुए थे तथा फौजदारी का मुकदमा दर्ज किया गया था। इस तरह की कुछ छिटपुट घटनाओं को छोड़ दिया जाए तो स्थानीय जमींदारों और यूरोपीय नीलहों के बीच का संबंध संघर्षमुक्त ही रहा। यह शायद इस कारण रहा कि स्थानीय जमींदार

ब्रिटिश नील उत्पादन व्यवस्था में सदैव किसी-न-किसी रूप में भागीदार रहे। उदाहरण के लिए, चंपारण में जितनी भी जमीनें नील के उत्पादन के लिए पट्टे पर दी गई थीं, वो सिर्फ दो जमींदारी—बेतिया और रामनगर के द्वारा दी गई थीं। इस तरह से चूँकि स्थानीय जमींदारों के हित और नीलहों के हित परस्पर एक-दूसरे से बँधे हुए थे। अत: उन दोनों के बीच आमतौर पर संघर्ष का अभाव रहा। इसी तथ्य की ओर इशारा करते हुए कलकत्ता का एक अखबार 'नायक' लिखता है कि उत्तर बिहार के अधिकांश जमींदार यूरोपीय लोगों को 'इजारदार' और 'भीरासदार' के तौर पर रखना चाहते थे, क्योंकि इससे उन्हें नियमित लगान की प्राप्ति होती थी, पुलिस की दखलअंदाजी कम होती थी तथा जिला पदाधिकारी (DM) भी उनसे कड़ाई से पेश आने से हिचकते थे। इसका कारण था कि यूरोपियन नीलहों के साथ अंग्रेज पदाधिकारियों के घनिष्ठ संबंध होते थे। 'नायक' आगे लिखता है कि स्थानीय जमींदारों और नीलहों के हित आपस में एक-दूसरे से घनिष्ठ रूप से जुड़े हुए थे, जिससे आपसी संघर्ष की संभावना नगण्य हो जाती थी।

यदि उपर्युक्त तथ्यों को ध्यान में रखा जाए तो स्थानीय जमींदारों की 1917 के चंपारण सत्याग्रह में लगभग अनुपस्थिति के कारण को भी आसानी से समझा जा सकता है। जबकि इसके पूर्व में बंगाल से बिहार के पृथक्करण आंदोलन में स्थानीय जमींदारों ने संस्था 'बिहार लैंड होल्डर्स सोसाइटी' के माध्यम से अपनी भूमिका सशक्त तौर पर निभाई थी। इसके साथ ही 1916 में पटना उच्च न्यायालय तथा 1917 में पटना विश्वविद्यालय की स्थापना में भी उनका महत्त्वपूर्ण योगदान था।

भारतीय जमींदारों और नीलहों के बीच के आपसी संबंधों पर द्वारका नाथ टैगोर, जिनका स्वयं का उन्नीसवीं शताब्दी में बंगाल में, नील की खेती का व्यक्तिगत अनुभव था, ने बड़ा ही रोचक अनुभव बयान किया है। वह कहते हैं, ''मेरे कई जिलों में जमींदारियाँ हैं। मैंने पाया है कि

नील की खेती तथा यूरोपियन लोगों का निवास जहाँ पर भी हुआ, वहाँ के कृषक समुदाय को इसका फायदा मिला। एक तरफ जहाँ जमींदारों की आमदनी बढ़ी, वहीं रैयतों की भी स्थिति में अपेक्षाकृत सुधार हुआ, उन जगहों की तुलना में जहाँ नील की खेती होती थी, साथ ही नील की खेतीवाले जगहों के आसपास भी जमीनों की कीमतें बढ़ीं तथा पैदावार में भी वृद्धि हुई।''

लॉर्ड विलियम बेंटिक ने यद्यपि नीलहों के द्वारा रैयतों के शोषण और उनके साथ दुव्यर्वहार को स्वीकार किया, परंतु साथ ही यह भी माना कि नीलहे अपने-अपने इलाकों में जो समृद्धि लाए, वह उनके द्वारा किए गए शोषण की तुलना में काफी अधिक है, परंतु उपर्युक्त तथ्यों के बावजूद नीलहों के खिलाफ बंगाल में असंतोष बढ़ता गया, जिसकी अंतिम परिणति 1860 के नील विद्रोह में होती है।

जहाँ तक नीलहों और रैयतों के बीच के आपसी संबंधों का सवाल है, 1866-67 में नील की खेती को लेकर हुई उथल-पुथल से पहले बिहार में ऐसा कोई महत्त्वपूर्ण संघर्ष दिखाई नहीं पड़ता है। सामान्य तौर पर नीलहों और रैयतों के बीच का संबंध कुछ-एक घटनाओं को छोड़कर 1866-67 तक शांतिपूर्ण ही रहा है। यद्यपि 1866-67 से पहले नीलहों के द्वारा रैयतों के साथ कुछ मारपीट की घटनाओं का उल्लेख मिलता है, परंतु रैयतों द्वारा नीलहों के खिलाफ कोई उल्लेखनीय प्रतिरोध की घटना का जिक्र नहीं मिलता है। इस संबंध में 'नायक' लिखता है कि बंगाल की तुलना में बिहार में रैयतों के द्वारा नीलहों के खिलाफ किसी ऐसी घटना का जिक्र नहीं मिलता है, जो एक हलचल पैदा कर सके।

1866-67 में पंडौल को, जो दरभंगा राज का पट्टेदार/इजारदार था, रैयतों ने नीलहों के द्वारा लागू किए गए बाध्यकारी नील की खेती तथा लगान में बढ़ोतरी के खिलाफ प्रतिरोध का स्वर बुलंद किया। यद्यपि यह संघर्ष जल्द ही समाप्त हो गया, लेकिन उसके बाद लगभग 50 सालों

तक नीलहों तथा रैयतों का संघर्ष किसी-न-किसी रूप में बना रहा। 1907 में एक ऐसे ही संघर्ष में ब्लूमफील्ड नाम के एक नीलहे की हत्या रैयतों की एक भीड़ के द्वारा कर दी गई।

यद्यपि महात्मा गांधी के 1917 के चंपारण सत्याग्रह की सफलता के पश्चात् इस संघर्ष में कमी आई, परंतु 1930 के दशक तक यह छिटपुट तौर पर जारी रहा। उदाहरण के तौर पर 1921 में प्रकाशित एक खबर के अनुसार, चंपारण में धनहा थाने के अंतर्गत रैयतों की स्थिति में 1918 के चंपारण एग्रेरियन एक्ट के पारित होने के बाद भी कोई सुधार दिखाई नहीं पड़ता है। इलाका मधुबन और बैकुंठपुर नील फैक्टरियों को पट्टे पर मिला हुआ था। यहाँ के रैयतों द्वारा बार-बार शोषण के खिलाफ प्रशासन के पास फरियाद की गई, परंतु प्रशासन रैयतों की समस्याओं के प्रति पूरी तरह उदासीन रहा। एक महत्त्वपूर्ण परिवर्तन 1917 के चंपारण सत्याग्रह के पश्चात् यह दिखाई पड़ता है कि रैयत अब अपनी समस्याओं को खुले खत के द्वारा बिहार तथा उड़ीसा कांग्रेस समिति को पहुँचा रहे हैं।

निलहों की जीवनशैली (रहन-सहन)

भारत में आकर बसनेवाले या काम करनेवाले गैर-प्रशासनिक यूरोपियन लोगों की जीवनशैली पर आमतौर पर बहुत कम लिखा गया है। यह बिहार में रह रहे यूरोपियन नीलहों के बारे में भी सच है। इस संबंध में जानकारी का मुख्य स्रोत नीलहों और उनके मैनेजरों या अन्य यूरोपियन लोगों के द्वारा लिखे गए संस्मरण ही हैं। उदाहरण के लिए, जेम्स इंग्लिश नाम के एक निलहे ने, जो 1860 के दशक में पूर्णिया तथा चंपारण के इलाकों में रहा था, नील की खेती और उससे नील की टिकिया के निर्माण की प्रक्रिया पर लिखते हुए साथ में नीलहों की जीवनशैली पर भी प्रकाश डाला है। वह लिखता है कि नीलहे और उनके परिवार के सदस्य खाली समय शिकार, शूटिंग, घुड़सवारी, पोलो, टेनिस इत्यादि

में बिताया करते थे। इनके अपने क्लब होते थे। जहाँ पर वे अपने दोस्तों के परिवारों के साथ, जिसमें यूरोपीय प्रशासनिक पदाधिकारी भी होते थे, पार्टियाँ एवं नृत्य के कार्यक्रम किया करते थे। आर.ई. वर्नेड बंगाल तथा बिहार में नीलहों के साथ बिताए हुए समय के बारे में लिखता है कि नीलहे अकसर बाघ और अन्य जंगली जानवरों के शिकार के लिए जंगलों में जाया करते थे। जंगली जानवरों के शिकार के प्रतिबंध संबंधी नियम जारी कर दिए गए थे, फिर भी बिहार और नेपाल से सटे इलाकों में शिकार पर जाना इनका प्रिय शौक था। नेपाल की तराई के गाँववाले भी बाघों से सुरक्षा के खयाल से इन यूरोपीय लोगों के द्वारा शिकार पर आने का स्वागत करते थे। यदि कभी संयोगवश प्रशासनिक पदाधिकारियों की नजर शिकार के लिए प्रतिबंधित क्षेत्रों में इन शिकारियों पर पड़ती थी, तो उनके लिए सिर्फ इतना कहना काफी था कि वे रास्ता भूलकर इधर आ गए हैं। उत्तर बिहार में खासकर चंपारण और उससे सटे हुए क्षेत्रों में नील की कोठियों की संख्या में वृद्धि के साथ–साथ जंगली जानवरों के शिकार भी अधिक संख्या में होने लगे। एम. विल्सन ने भी अपनी पुस्तक 'रेमिनेन्सेज ऑफ बिहार' (1887) में इस तथ्य की ओर इशारा किया है। इस पुस्तक में उल्लिखित सबसे रोचक तथ्य युवा आई.सी.एस. पदाधिकारियों तथा नीलहों के बीच के आपसी संबंध पर की गई टिप्पणी है। विल्सन लिखता है कि ये युवा पदाधिकारी नीलहों की वैभवपूर्ण जीवनशैली तथा उनकी आमदनी से काफी प्रभावित नजर आते थे।

एसोसिएट प्रोफेसर, इतिहास विभाग,
डी.ए.वी, कॉलेज, सिवान

□

प्राकृतिक नील की खेती का उत्थान, पतन और पुनरुत्थान

—डॉ. राणा विक्रम सिंह

नील को सर्वाधिक लोकप्रिय रंजकों में गिना जाता है। कपड़े, खाद्य-सामग्री तथा दवाई बनाने के उद्योग में रंगसाजी के लिए इसका व्यापक रूप से इस्तेमाल होता है। नीली जींस के निर्माण के लिए कपास के सूत को नीले रंग में रँगने के लिए जिन नीलवर्णी रंजकों का इस्तेमाल होता है, उनमें नील भी शामिल है, नील का इस्तेमाल ऊन और रेशम के धागों को भी रँगने में होता है। नील एक प्राकृतिक रंजक है। इसे इंडिगोफेरा नाम के पौधे से निकाला जाता है। नील का उत्पादन इंडिगोफेरा और पॉलिगॉनमटिंकटोरियम नाम के पौधे के सारसत्त्व से होता रहा है। सदियों तक नील प्राकृतिक नील-रंजक के चंद स्रोतों में एक रहा। तमाम संस्कृतियों में नीले रंग की अहमियत है और हर महादेश में नीलवर्णी सारतत्त्व वाले पौधे होते हैं। नील-उत्पादक पादप-कुल में आठ तरह के पौधे शामिल हैं। इनमें सबसे बड़ी और प्रचलित किस्म इंडिगोफेरा की है, लेकिन इसाटिस्टिंकटोरिया तथा आई. इंडिगोटिका और पॉलिगॉनमटिंकटोरियम भी नील के उत्पादन के प्रमुख स्रोत रहे हैं। नीलरंजक का रासायनिक स्रोत 'इंडिकन' कहलाता है और इसका सर्वाधिक संकेंद्रण पत्तियों में होता है। प्रसंस्करण के बाद इससे भी समान रूप से

नील रंजक प्राप्त होता है, चाहे पत्तियाँ नील उत्पादक कुल के जिस भी पौधों की हों। इसके सहारे कपड़े के सूत को स्याह नील से लेकर हलके आसमानी तक की रंग-छायाओं मे रँगा जा सकता है। उन्नीसवीं सदी में नील की माँग के बढ़ने और शिखर तक पहुँचने के साथ नील उत्पादन के केंद्र भारत से हटकर दक्षिण अमेरिका, यूरोप और बांग्लादेश में कायम हुए। लेकिन सिंथेटिक (कृत्रिम) नील-रंजक के उभार के साथ प्राकृतिक नील का उत्पादन अधिकतर देशों में ठप हो गया। अब प्राकृतिक नील फिर से फैशन में है तो नील की खेती फिर से शुरू हुई है। दुनिया के विभिन्न हिस्सों में नील के पौधे उगते हैं। दक्षिण और पूर्वी अफ्रीका में 'इंडिगो फेरार्रेक्टा' नाम का नील का पौधा होता है तो आई. सफरुटिकोसा उष्णकटिबंधीय अमेरिका में। आई. टिंकटोरिया संभवतया खास एशियाई क्षेत्र में उपजनेवाला नील उत्पादक समुदाय का पौधा है। इसका प्रचलन एशिया के विभिन्न क्षेत्रों में है और पूरे क्षेत्र में इसकी सहज उपज होती है। व्यावसायिक उद्‌देश्यों की पूर्ति के लिए मुख्य रूप से आई. टिंकटोरिया की खेती की जाती है।

नील की खेती का इतिहास

खेती के लिए इंडिगो फेराटिंकटोरिया मूल रूप से भारत में इस्तेमाल हुआ। चौथी सदी ईसा पूर्व की पांडुलिपियों में इसका वर्णन मिलता है। इलाके के शुरुआती अन्वेषकों ने नील की पहचान एक बेशकीमती रंजक के रूप में की है। इतालवी (वेनिस गणराज्य) अन्वेषक मार्को पोलो ने भारत के नील-उत्पादन उद्योग का विस्तृत वर्णन किया है। ग्यारहवीं सदी तक अरब व्यापारियों के जरिए नील भूमध्यसागरीय क्षेत्रों में पहुँच चुका था और वहाँ नीलवर्णी प्राकृतिक रंजक के रूप में प्रचलित इसाटिसटिंकटोरिया नाम के पौधे की जगह भारतीय मूल के नील के पौधे की खेती शुरू हो चुकी थी।

यों इतिहास में नील का उत्पादन कई तरह के पौधों से होता रहा, लेकिन नील के उत्पादन के लिए सबसे प्रसिद्ध रहे हैं इंडिगोफेरा प्रजाति के पौधे। इस प्रजाति के एक पौधे का नाम है इंडिगो फेराटिंकटोरिया जिसकी खेती मूल रूप में भारत में हुई। शुरुआत में भारत नील उत्पादन तथा प्रसंस्करण का सबसे बड़ा केंद्र था। नील उत्पादन का काम भारत से ही प्राचीन यूनान तथा रोम में पहुँचा, जहाँ इसे भोग-विलास के उत्पादों में शुमार किया जाता था। यों एशिया के अन्य देशों जैसे चीन और जापान तथा दक्षिण-पूर्वी एशिया के देशों में भी नील का इस्तेमाल सदियों से होता रहा है, लेकिन नील के उत्पादन के सबसे पुराने केंद्र के रूप में भारत की प्रसिद्धि रही है। नील का एक खास नाम 'इंडिकॉन' भी इस बात का संकेत करता है। रंजक के लिए यूनानी भाषा में 'इंडिकॉन' शब्द का व्यवहार होता है, जिससे भारत का बोध होता है। रोमनों ने इस शब्द को 'इंडिकम' कहा। इसके बाद यह शब्द इतालवी बोली में दाखिल हुआ और वहाँ से अंग्रेजी भाषा में 'इंडिगो' शब्द के रूप में आया। इससे पता चलता है कि प्राचीन विश्व के शेष हिस्सों में नील भारत से पहुँचा था। रोमन लोग नील का इस्तेमाल चित्रकारी, दवाओं तथा सौंदर्य प्रसाधन बनाने में करते थे। ईसा पूर्व सातवीं शताब्दी के मेसोपोटामिया की पट्टिकाओं में ऊन की रँगाई के बारे में जिक्र मिलता है। मध्यकाल में नील का मिलता दूभर हो गया, क्योंकि फारसी, लेवांतीनी (भूमध्यसागर का पूर्वी भाग) तथा यूनानी व्यापारियों ने इसके ऊपर बहुत ज्यादा कर लगाया। लोग नील की जगह वोड का इस्तेमाल करने लगे। वोड भी एक रंजक है, जिसे इसाटिस्टिंकटोरिया नाम के पौधे से प्राप्त किया जाता है और रासायनिक रूप से यह नील के ही समान होता है। जब पंद्रहवीं शताब्दी के उत्तरार्ध में पुर्तगाली अन्वेषक वास्को डी गामा ने भारत पहुँचने का समुद्री रास्ता खोजा तो मसालों के देश भारत, चीन तथा जापान के साथ व्यापार का मार्ग सुगम हो गया। इसके बाद यूरोप में नील की खपत बढ़ने लगी। पुर्तगाल,

नीदरलैंड तथा इंग्लैंड, यूरोप के बाजार के लिए नील-आयातक प्रमुख देश बनकर उभरे। यूरोप के ताकतवर देशों ने अपने उष्णकटिबंधीय उपनिवेशों में नील की खेती करवाई। सबसे ज्यादा खेती जमैका, वर्जिन, आयरलैंड तथा दक्षिण कैरोलिना में हुई और नील की इस खेती में अफ्रीकी तथा अफ्रीकी-अमेरिकी दासों का इस्तेमाल श्रमिक के रूप में हुआ। चूँकि नील का मिलना आसान हो गया था, इसलिए स्थानीय स्तर पर रंजक के रूप में प्रयुक्त होनेवाले वोड-उद्योग के अस्तित्व को खतरा पैदा हो गया। इसी वजह से फ्रांस तथा जर्मनी ने 16वीं सदी में आयातित नील को गैरकानूनी घोषित कर दिया। कृत्रिम नील के आविष्कार से ऐन पहले तक प्राकृतिक नील का प्रयोग होता रहा।

भारत में प्राकृतिक नील कुछ यों बनाया जाता था—पौधों को काटकर उनका गट्ठर बनाया जाता और सीमेंट से जुड़ी ईंटों के बने हौदे में गट्ठर को रखा जाता है। इसके बाद गट्ठर को साफ पानी डालकर सड़ने की अवस्था तक छोड़ दिया जाता है। इसमें 10 से 15 घंटे लगते हैं। गट्ठर के सड़ने के बाद प्राप्त पीले रंग के द्रव को विलोडक में रखा जाता है। विलोडक में द्रव को लकड़ी की डंड़ी या फिर ऐसे ही किसी औजार के सहारे उपचारित किया जाता है। द्रव का रंग बदलकर हरा हो जाता है, फिर हरे से रंग नीला होता है और बाद में नील बन जाता है। यह नील, विलोडक की पेंदी में बैठ जाता है और ऐसे में नील को निथार लिया जाता है। निथरे हुए नील को उबाला और छाना जाता है, फिर उसे खूब महीन पीस लिया जाता है। उत्पादन की अंतिम अवस्था में नील शुष्क और घनाकार रूप में सामने आता है। जर्मनी के रसायनशास्त्री एडोल्फ वॉन बेयर ने 1878 में कृत्रिम नील बनाया, लेकिन अपने शुरुआती प्रयोगों में इस कृत्रिम नील का इस्तेमाल अव्यावहारिक साबित हुआ। प्रयोग जारी रहे और व्यावसायिक रूप से व्यावहारिक साबित होनेवाला कृत्रिम नील 1897 में बनाया जा सका।

रंजक के रूप में नील का इतिहास

वानस्पतिक रंजक का भारत में इस्तेमाल ईसा पूर्व चौथी सहस्राब्दी से दूसरी सहस्राब्दी के बीच सिंधु घाटी सभ्यता में मिलता है। नील के इस्तेमाल के ऐतिहासिक विवरण नाममात्र के हैं, लेकिन मार्को पोलो के लेखन में नील के इस्तेमाल के हवाले मिलते हैं। मार्को पोलो ने 1298 ईस्वी में केरल के कोल्लम (क्वीलोन) में नील बनते देखा था। बड़े पैमाने पर नील की खेती भारत में 16वीं सदी में शुरू होती है और इस बात का जिक्र 16वीं तथा 17वीं सदी में यूरोप से भारत-भ्रमण (खासकर उत्तर भारत) पर पहुँचे यात्रियों के लेखन में मिलता है।

विधिवत् नील की व्यावसायिक खेती तथा उत्पादन का काम अंग्रेजों ने शुरू किया। पौधों को उगाने का काम आरंभिक तौर पर 1777 में शुरू हुआ और 1778 तक ईस्ट इंडिया कंपनी बंगाल में हुए नील उत्पादन का अधिकांश खरीदने लगी थी। सन् 1837 के आते-आते यह पूरी व्यवस्था अत्यंत शोषणकारी बन चली थी। तब नील उगानेवालों को जमीन की मिल्कियत हासिल करने की अनुमति हासिल हुई। मौजूदा बिहार के चंपारण में इस वक्त तक नील का बड़े पैमाने पर उत्पादन होने लगा था। यह इलाका नील के प्रसंस्करण तथा व्यापार की एक तरह से धुरी बन चला। इस नील ने बतौर रंजक अमेरिका से होनेवाली नील आपूर्ति का स्थान ले लिया, क्योंकि वह वक्त अमेरिकी क्रांति का था और अमेरिका से होनेवाली आपूर्ति बाधित हुई। औद्योगिक क्रांति के उस दौर के वस्त्र उद्योग के लिए नील की माँग खूब थी। नील का इस्तेमाल उस समय यूरोपीय सेनाओं की वर्दी को रँगने में भी होता था। ईस्ट इंडिया कंपनी ने सत्रहवीं शताब्दी के मध्यवर्ती सालों में बड़े पैमाने पर भारतीय नील का आयात किया। भारतीय नील के आयात से यूरोप में स्थानीय तौर पर नील के विकल्प के रूप में वोड उगानेवाले खतरे में आ गए। विरोध प्रदर्शन हुए और ब्रिटेन सहित यूरोप के कई देशों में भारतीय नील के आयात पर

पाबंदी लगी। इसके बावजूद यूरोप में वोड की खेती तथा उससे बननेवाले नील रंजक के कारखाने बड़ी तेजी से खत्म होने लगे।

नील से रंगसाजी की रासायनिक प्रक्रिया सन् 1870 के दशक में शुरू हो पाई। इस वजह से नील के रासायनिक विकल्प खोजने का रास्ता भी खुला। यह बात भारत के नील उद्योग के लिए बड़ी घातक साबित हुई और इसका गहरा असर भारत की आजादी के आंदोलन पर पड़ा। साल 1914 के आते-आते हालत यह हो गई थी कि नील के कुल वैश्विक उत्पादन में प्राकृतिक नील की हिस्सेदारी मात्र 4 प्रतिशत रह गई थी।

प्राकृतिक नील का खात्मा

नील के समूचे व्यापार पर अंग्रेजों का कब्जा था। अन्य यूरोपीय देश इसके विरोध में थे। जर्मनी की रासायनिक पदार्थ बनानेवाली बड़ी कंपनी बी.ए.एस.एफ. ने कई सालों के दरमियान 1.8 करोड़ मार्क इस एक बात पर खर्च किए कि नील बनाने का कोई सस्ता तरीका खोज लिया जाए। एक संभावनाशील तरीका यह नजर आ रहा था कि कृत्रिम नील पथैलिक एन्हायड्रेट से बना लिया जाए। पथैलिक एन्हायड्रेट नेफ्थेलीन से हासिल होता है और नेफ्थेलीन की बड़ी मात्रा कोलतार में मौजूद होती है। लेकिन कृत्रिम नील बनाने का यह तरीका सस्ता नहीं था। सन् 1896 में पेश से टेक्नीशियन युजिन सैपर (अफसोस कि इनके बारे में ज्यादा जानकारी उपलब्ध नहीं) तेज सल्फ्यूरिक एसिड (H_2SO_4) में नेफ्थेलीन उबालकर पथैलिक एन्हायड्रेट बनाने की कोशिश कर रहे थे। तापमान मापने की कोशिश में उनका हाथ फिसला और थर्मामीटर टूट गया। थर्मामीटर में मौजूद पारा रासायनिक प्रतिक्रिया के फलस्वरुप मरक्यूरिक सल्फेट में बदला और मरक्यूरिक सल्फेट ने तत्क्षण उत्प्रेरक का काम किया। सैपर को अपनी उम्मीद से कहीं ज्यादा मात्रा में पथैलिक एन्हायड्रेट हासिल हुआ। बी.ए.एस.एफ. तुरंत ही भाँप गई कि इस बात के क्या मायने हैं।

रासायनिक प्रतिक्रिया के फलस्वरूप ज्यादा मात्रा में पथैलिक एन्हायड्रेट मिलने का मतलब था नील बनाने का सस्ता स्रोत हासिल होना। कृत्रिम नील बनाने का सस्ता तरीका मिल जाने का अर्थ था कि यूरोपीय देशों को भारत में बननेवाले प्राकृतिक नील की जरूरत नहीं रह जाएगी। वक्त गुजरने के साथ यूरोपीय मुल्कों ने ब्रिटेन से प्राकृतिक नील खरीदना बंद कर दिया और यहाँ तक हुआ कि वे वस्त्र बनानेवाले कारखानों को नील बेचने लगे।

नील की खेती और मृदा-संवर्धन

नील का पौधा फलीदार होता है। मिट्टी की सेहत कुदरती तौर पर सुधारने के लिए फलीदार पौधे लगाने का चलन भारत में सदियों से चलता आ रहा है। जाहिर है, नील की खेती से खेतों की मिट्टी की गुणवत्ता में सुधार होता है। नील की खेती करनेवाले किसान शाहाबाद के श्री संतोष कुमार का कहना है, "मैंने बीते दो सालों में नील की खेती की है। बीते जमाने में जब अंग्रेजों का राज था तो किसानों को बहुत थोड़ी रकम देकर नील उगाने के लिए मजबूर किया जाता था। लेकिन अभी के समय में नील की खेती करना किसी और फसल की खेती से कहीं ज्यादा बेहतर है और इससे मिट्टी की सेहत में भी सुधार होता है, इसी बात से मैं नील उगाने को तैयार हुआ।" कल्टीवेशन ऑफ इंडिगो प्लांट, बायोटेक्नोलॉजी ऑफ नेचुरल डाइज एंड इम्प्रूविंग द सॉयल इकोलॉजी शीर्षक से एक शैक्षिक तथा व्यावहारिक मैन्युअल अर्जेंच स्टेट यूनिवर्सिटी, ताशकंद-अर्जेंच ने तैयार किया है। मैन्युअल को तैयार करने में यूनेस्को (यूनाइटेड नेशन्स एजुकेशनल साइंटिफिक एंड कल्चरल ऑर्गनाइजेशन), ग्लोबल एन्वायर्नमेंट फेसिलिटी (जी.ई.एफ.), द जी.ई.एफ. स्मॉल ग्रांट प्रोग्राम तथा युनाइटेड नेशन्स डेवलपमेंट प्रोग्राम की मदद हासिल हुई। मैन्युअल में नील उगाने से जुड़ी तकनीक के बारे में ब्योरेवार बताया गया है। मैन्युअल

में जिक्र है कि मिट्टी का जो हिस्सा अपक्षय का शिकार हुआ है, उसमें नील की खेती के कारण सुधार हुआ, मिट्टी की उर्वरता में बढ़ोतरी हुई और मिट्टी के लवणीकरण में कमी आई।

इंडिगो फेराटिंकटोरिया तेजी से उगनेवाले पौधा है और इससे मात्र चार माह के भीतर किसान को फसल मिल जाती है। खेतों में इंडिगो फेराटिंकटोरिया का पौधा दो मीटर तक ऊँचा उगता है, सो पशुओं से नुकसान की आशंका नहीं रह जाती। फलीदार होने के कारण इस पौधे से मिट्टी की उर्वरता भी बढ़ती है। एक महत्त्वपूर्ण बात यह भी है कि नील की खेती से किसान को अच्छी आमदनी होती है। पटना निवासी कृषि सलाहकार श्री कृष्ण प्रसाद का कहना है कि नील की खेती में धान की खेती के मुकाबले पाँच गुना ज्यादा की आमदनी है। इसी कारण से किसान इसे पसंद करते हैं।

उत्तराखंड के पिथौरागढ़ तथा बागेश्वर जिले के किसान अत्यधिक प्रचलित इंडिगो फेराटिंकटोरिया और हेटेरेंथा प्रजाति के पौधे से लेकर नील उत्पादक जापानी प्रजाति के पौधे तक, कई किस्मों को खेती में आजमा रहे हैं। इलाके में नील की खेती और उससे जुड़ी आपूर्ति श्रृंखला के लिए काम कर रही नॉन-प्रॉफिट श्रेणी की संस्था अवनी सोसाइटी के मुताबिक, "10-12 दिन के कार्यदिवस के तीन से चार माह के अवधि-चक्र के भीतर किसान को नील की खेती से 2000-3000 रुपए का लाभ होता है।" अवनी सोसाइटी की सह-संस्थापक रश्मि भारती का कहना है, "हमलोग नील की खेती को सशक्तीकरण तथा पुनर्जनन की दृष्टि से देख रहे हैं।" अवनी सोसाइटी किसानों के बीच नील की खेती के लिए बीज वितरण का काम करती है तथा इसके विपणन से जुड़ी सहायता प्रदान करती है। रश्मि भारती के अनुसार, "नील की खेती से बंजर भूमि को उपजाऊ बनाने, मिट्टी की उर्वरा शक्ति बढ़ाने तथा मिट्टी का अपरदन रोकने में मदद मिली है। किसान पहले की ही तरह गेहूँ, दाल तथा चावल

की खेती में लगे हैं तथा अपनी जमीन के एक छोटे से हिस्से पर नील की खेती करते हैं।''

हिमालयी क्षेत्र के पर्यावरण तथा वनस्पतियों से संबंधित अध्ययन के विशेषज्ञ और लिनियन सोसाइटी ऑफ लंदन के फेलो जी.एस. राजवार का कहना है कि नील का पौधा फलीदार होने के कारण कृषि–वानिकी के लिए अत्यंत उपयुक्त है। तूर जैसी खरीफ फसल के साथ इसे दरमियानी तौर पर उपजाया जा सकता है और मिट्‌टी में कसावट पैदा करने के कारण नील के पौधों की खेती से मिट्‌टी का अपरदन रोकने में भी मदद मिलेगी।

बिहार में वर्तमान स्थिति

सन् 2000 के दौरान मैं यू.के. काउंसिल ऑन साइंस एंड टेक्नोलॉजी से सहायता प्राप्त 'सस्टेनेबल डेवलपमेंट ऑफ इंडो–गेंगेटिक प्लेंस' नाम की एक परियोजना पर सेंटर फॉर साइंस एंड एन्वायरनमेंट नाम की संस्था के लिए काम कर रहा था। परियोजना पर काम के दौरान मुजफ्फरपुर में मेरी भेंट नील की खेती से अनुराग रखनेवाले श्री अरुण कुमार प्रभात से हुई। वे इलाके में नील की खेती को फिर से शुरू करने की दिशा में प्रयास कर रहे हैं। एक स्वयंसेवी संस्था प्रभात सेवा–सदन इलाके में नील की खेती को बढ़ावा देने के लिए काम कर रही है। अरुण कुमार प्रभात इसके सचिव हैं और उनके प्रयास से इलाके में नील की खेती शुरू हुई है। गौरतलब है कि एक वक्त ऐसा भी था, जब उत्तर भारत में नील प्रमुख फसलों में शामिल था। देश की आजादी से पहले के समय में इलाके के किसान बड़ी मात्रा में नील उपजाते थे, लेकिन नील की खेती अचानक ठप पड़ गई। इसी बात ने प्रभात को, जो स्थानीय विद्यालय में प्राचार्य भी हैं, यह सोचने को उकसाया कि आखिर जो फसल इलाके में कभी इतनी ज्यादा अहम थी, अचानक से उसकी खेती ठप कैसे हो गई और क्या नील की खेती को इलाके में फिर से पुनरुज्जीवित किया जा सकता है। प्रभात

ने देखा कि नील की खेती को शुरू करने के लिए कोई साधन मौजूद नहीं है, अंग्रेज यहाँ से सारा कुछ उठा ले गए। शुरुआती खोजबीन और अध्ययन के दौरान उन्हें पता चला कि नील की खेती तमिलनाडु में भी होती थी। वे चेन्नई गए, वहाँ नील के पौधों के बीज खरीदे, स्थानीय खेतिहरों से इसकी खेती की तकनीक सीखी और फिर इसके बाद मुजफ्फरपुर में अपनी जमीन पर नील की खेती शुरू कर दी।

नील की खेती के मामले में आत्मनिर्भर होने के खयाल से प्रभात ने चेन्नई के एक खेतिहर से 100 रुपए प्रतिकिलो के हिसाब से बीज खरीदे थे। उन्होंने खेती के क्रम में पाया कि एक कट्ठा (1760 वर्गफीट) खेत के लिए 250 ग्राम बीज पर्याप्त हैं। चेन्नई के खेतिहरों की सीख के अनुरूप उन्होंने नील की खेती के लिए एक ऊँची और ढलवाँ जमीन खोजी। चेन्नई के किसानों से हासिल बीज उन्होंने खेत की भरपूर जुताई के बाद फरवरी माह में उगने को जमीन में डाल दिए। प्रभात बताते हैं कि फसल के लिए पानी बहुत महत्त्वपूर्ण है, लेकिन ज्यादा पानी देने से फसल बरबाद भी हो सकती है, सो नील की खेती के लिए जमीन का चयन बहुत मायने रखता है। तीन से चार महीने में फसल कटने को तैयार हो जाती है। पौधों को काटने के बाद इसके प्रसंस्करण की तैयारी होती है, जो अपने आप में एक जटिल प्रक्रिया है। पौधों को 10 से 12 घंटे पानी में डुबोकर रखा जाता है। इसके बाद धीरे-धीरे गरम किया जाता है। गरम करने के बाद ही नील की परत पौधों से निकलती है। नील की इस परत को खूब महीन कपड़े से छान लिया जाता है और छानने के बाद छाया में सुखाया जाता है।

आखिर में, नील की गुणवत्ता के हिसाब से उसका भंडारण किया जाता है। प्रभात बताते हैं, "प्रसंस्करण की प्रक्रिया जटिल है और इसी नाते प्रसंस्करण के बारे में ज्यादा जानकारी के लिए हमने तमिलनाडु तथा आंध्र प्रदेश की यात्रा की। हमने अपने खेतों में बीते दो साल में इसे आजमाया है, क्योंकि फसल अच्छी हुई है। लेकिन हमें एक कट्ठे में की गई नील

की खेती से डेढ़ किलो ही नील हासिल हुआ जबकि मानक प्रति कट्ठा दो किलो नील उत्पादन का है। हमलोग उत्पादकता बढ़ाने की कोशिश कर रहे हैं। आखिर हमने नील की खेती की तकनीक को अच्छी तरह सीखा है और उसे अपने खेतों में कामयाबी के साथ आजमाया है। अब हम इसे घरेलू बाजार में और बाद के वक्त में अंतरराष्ट्रीय बाजार में बढ़ावा देने को तैयार हैं। नील के विपणन की अपनी अलग ही चुनौतियाँ हैं। प्राकृतिक नील का विपणन बहुत मुश्किल काम है, क्योंकि कृत्रिम रसायन पहले ही बाजार पर पकड़ बना चुका है।'' प्रभात बताते हैं कि ''विपणन की उचित व्यवस्था नहीं मुहैया कराई जाती तो फिर नील की खेती करनेवाले किसानों के लिए कोई गुंजाइश नहीं रह जाती, क्योंकि नील की खेती में लागत ज्यादा है, जबकि नील के विकल्प के रूप में इस्तेमाल की जा रही रासायनिक चीजें बाजार में बहुत सस्ते दामों में उपलब्ध हैं।'' उनका यह भी कहना है कि अभी लोगों में प्राकृतिक तौर पर तैयार चीजों के इस्तेमाल को लेकर जोश है और यह माहौल नील की खेती तथा उसके किसानों को बचा सकता है। अगर उत्पाद सुरक्षित तथा प्राकृतिक तौर पर तैयार किया गया है तो फिर इसके विपणन में समस्या नहीं रह जाएगी।

हाल में, साल 2017 तथा 2018 में एर्नाकुलम की कनकॉर इन्ग्रेडिएंट्स लिमिटेड बिहार आई थी। मकसद था कि नील की खेती के लिए ऐतिहासिक रूप से विश्वप्रसिद्ध रहे बिहार में ठेके पर नील की खेती करवाई जाए। इस कंपनी ने अपने उद्देश्य को साधने के लिए पटना स्थित एरोमेटिक एंड मेडिसिनल प्लांट्स ग्रोवरस्एसोसिएशन से हाथ मिलाया। एरोमेटिक एंड मेडिसिनल प्लांट्स ग्रोवरस्एसोसिएशन के सचिव कृष्ण प्रसाद ने अपने किसान साथियों से संपर्क किया और नील की खेती बिहार में तीन जगहों पर की गई। खेती के लिए जगहों का चयन नील की खेती के इतिहास को देखते हुए किया गया था। चुनी गई तीन जगहें थीं—भोजपुर जिले का शाहपुर, गया जिले का खिजर सराय और पटना जिले के बिहटा का जलपुरा गाँव। जलपुरा बिहटा के किसान अरबिंद कुमार, शाहपुर के

संतोष कुमार और विजय कुमार तथा खिजर सराय के अरुण कुमार ने अपने तौर पर भरपूर कोशिश की और नील उपजाया गया। इन किसानों को छह माह की अवधि में फसल की दो कटाई से 12 क्विंटल पत्तियाँ हासिल हुईं। कंपनी ने इसे 75 रुपए प्रतिकिलो के हिसाब से खरीद लिया। कृष्ण कुमार बताते हैं कि किसानों को प्रति एकड़ 75000 रुपए का मुनाफा हुआ और उनके खेत की मिट्टी भी उपजाऊ हो गई।

हाल के समय नील की खेती से तमिलनाडु और आंध्र प्रदेश से लेकर उत्तराखंड और तिब्बत के पठारी इलाकों तक का आर्थिक परिदृश्य बदल रहा है। नील की खेती के लिए इंडिगो फेराटिंकटोरिया और इंडिगो हेटरांथा जैसी सामान्य प्रजातियों से लेकर जापानी प्रजाति तक, कई प्रजातियों को आजमाया जा रहा है। उत्तराखंड के पिथौरागढ़ और बागेश्वर जिले के किसानों ने नील की खेती शुरू की है। नील की खेती के लिए जरूरी आपूर्ति-शृंखला को कायम करने के मकसद से इलाके में काम कर रही नॉन-प्रॉफिट श्रेणी की एक संस्था अवनि सोसाइटी के मुताबिक किसानों को 10-12 कार्यदिवसों वालों तीन माह के फसल-चक्र में नील की खेती से 2000-3000 रुपए का मुनाफा हो रहा है, जो बहुत कुछ इस बात पर निर्भर करता है कि वर्षा कितनी हुई और फसल को सूर्य की रोशनी किस हद तक मिली। अवनि सोसाइटी की सह-संस्थापक रश्मि भारती का कहना है कि हम लोग नील की खेती को सशक्तीकरण तथा पुनरुत्थान की दृष्टि से देख रहे हैं। अवनी सोसाइटी किसानों के बीच नील की खेती के लिए बीज वितरण का काम करती है तथा इसके विपणन से जुड़ी सहायता प्रदान करती है। रश्मि भारती के अनुसार, नील की खेती से बंजर भूमि को उपजाऊ बनाने, मिट्टी की उर्वराशक्ति बढ़ाने तथा मिट्टी का अपरदन रोकने में मदद मिली है, लेकिन ऐसा भी नहीं है कि यह संस्था खाद्यान्न के रूप में उपजायी जानेवाली अन्य फसलों की खेती के ऊपर नील की खेती को तरजीह दे रही हो। किसान पहले की तरह अपने खेतों में गेहूँ, दाल तथा धान की खेती करते हैं और जमीन के एक छोटे से हिस्से में

नील की फसल लगाते हैं। अनियमित वर्षा तथा बंदर और जंगली भालुओं से फसल को होनेवाले नुकसान को देखते हुए कई किसानों ने नियमित फसलों की खेती करना कम कर दिया है, लेकिन नील की खेती अभी नियमित फसलों की खेती का स्थान नहीं ले पाई है।

दुनिया के अन्य कई हिस्सों में भी नील की खेती फिर से जड़ जमा रही है। यूरोपीय संघ से वित्तीय सहायता प्राप्त कृषि–विविधीकरण योजना की मदद से ब्रिटेन में किसानों के एक समूह ने इंडिगो इसाटिस्टिंकटोरिया की खेती शुरू की है। इंडिगो इसाटिस्टिंकटोरिया बंदगोभी की प्रजाति का ही है, लेकिन स्थानीय तौर पर इसे 'वोड' के नाम से जाना जाता है। वोड की यह खेती उन इलाकों में हो रही है, जहाँ लगभग सौ साल पहले इसकी खेती हुआ करती थी, लेकिन इस फसल का बाजार–मूल्य ना के बराबर है और किसानों को फसल लगाने से पहले इसके खरीदार खोज लेने होते हैं। प्राकृतिक नील हमेशा छोटे बाजार में टिकता है, लेकिन इस बात के पर्याप्त संकेत हैं कि नील के बाजार का विस्तार किया जा सकता है। उत्तर भारत में राजस्थान के जयपुर शहर से तुरंत बाहर के इलाके में कपड़ा बनानेवाली कंपनियों का जमावड़ा है। ये कंपनियाँ यूरोप और उत्तरी अमेरिका को कई किस्म के कपड़ों का निर्यात करती हैं। ये कंपनियाँ भारत और पड़ोसी बांग्लादेश से नील हासिल करती हैं। कंपनियों के शीर्ष डिजायनर के मुताबिक, नील की खेती का भविष्य उज्ज्वल है। डिजायनर का कहना है, "मुझे लगता है कि हमारे नील के व्यापार में सुनिश्चित बढ़त हुई है, खासकर ब्रिटेन में। पूरब के जिन देशों के फैशन स्टोर्स की श्रृंखला को हम आपूर्ति करते हैं, वहाँ ग्रीष्मकालीन बिक्री अच्छी हुई है और वहाँ स्टोर्स इंडिगो (नील) प्रिंट्स की खरीदारी की बड़ी योजना बनाने में जुटे हैं।"

एसोसिएट प्रोफेसर, जंतु विज्ञान विभाग,
जयप्रकाश विश्वविद्यालय, छपरा

□

बिहार में
निलहे कोठियों का इतिहास

अगरेल (Agrail)

यह फैक्टरी हाल के दिनों की है। इसे सन् 1886-87 में स्थापित किया गया। इस फैक्टरी की स्थापना बिना अधिकार के दखल देनेवालों से रक्षा करने हेतु की गई। यह गाँव ढ़ोली देहात में अवस्थित है। तेगअली नाम का एक निवासी, जो जिले के अनेक भागों में दखलअंदाजी करता था, इस गाँव को अपने कब्जे में लेने हेतु प्रयासरत था। मि. डब्ल्यू.एस. मैकेंजी ने इस गाँव में फैक्टरी लगाने के उद्देश्य से खेती करना शुरू किया। मि. सी.एच. मैकफरसन द्वारा इसे आगे बढ़ाया गया। जितवारपुर की व्यापारिक संस्था को बेचकर मेसर्स, हडसन, लैंब एंड अदर्स द्वारा अगरेल को खरीदा गया। यह जिले के दक्षिण-पूर्व में अवस्थित है। वस्तुतः अगरेल फैक्टरी बेला सुदुन गाँव में है, न कि अगरेल गाँव में।

अनहर (Anarh)

यह फैक्टरी हाल के दिनों की है। इस फैक्टरी की स्थापना मि. सी.वी. अरग्लेस ने मि. प्रेसविक के साथ मिलकर साझेदारी में की थी। इसकी स्थापना 1861-62 में की गई। इसे एक या दो अवसरों पर अन्य

को बेचा गया और वर्तमान में इस फैक्टरी का स्वामित्व ए.डब्ल्यू. एंड सी.बी. इंगलीश के पास है। यह दरभंगा के दक्षिण–पूर्व में अवस्थित है।

बेनीपुर (Benepore)

इस फैक्टरी का मुकर्रर पट्टा मि. हेंडरसन के नाम 1834 ई. का है। मि. हेंडरसन हेटी–आउस्टी फैक्टरी के मैनेजर थे, जो वहाँ नील की खेती एक फसल के रूप में करते थे। पंडौल के मि. जॉन गेल ने उस समय की नियमावली के आधार पर फैक्टरी बनाने के लिए मि. हेंडरसन के अधिकार को विवादित बना दिया। उन्होंने दावा किया कि बेनीपुर उनके देहात क्षेत्र के अंतर्गत आता है। अंततः इसे पंडौल फैक्टरी के अधीन कर दिया गया और 1844 में बेनीपुर फैक्टरी उसकी एक व्यावसायिक संस्था के रूप में काम करने लगी। कुछ पुराने दस्तावेजों से यह ज्ञात होता है कि मि. रॉबर्ट या मि. रॉबर्टसन इस फैक्टरी के मैनेजर नियुक्त हुए। बाद के दिनों में पंडौल के अधीन लैंब, मैकआवर, वीनग्रोव, सी. गेल, ए. वाट, एम.एन. मैकलियोड और अन्य को मैनेजर व सब मैनेजर नियुक्त किया गया। कालांतर में पंडौल और बेनीपुर जी.एन. वाट की संपत्ति हो गई, जिन्होंने 1890 ई. में पी. जोन्स एवं अन्य के हाथों बेनीपुर फैक्टरी को बेच दिया।

एम.एच. गेल जिन दिनों पंडौल का प्रबंध देख रहे थे, उसी समय हरसिंगपुर में भी एक फैक्टरी की स्थापना की गई। नोबी मीह (Nubee Meah) ने इसकी स्थापना पर गहरा विवाद कर दिया। विवाद इतना गंभीर था कि दरभंगा के कलेक्टर को हस्तक्षेप करने के लिए जाना पड़ा। नोबी मीह ने कलेक्टर को प्लानटर से मिलवाने के बहाने ले जाते वक्त कलेक्टर पर हमला कर उन्हें गंभीर रूप से जख्मी कर दिया। कानून हाथ में लेने के कारण नोबी मीह की खुशहाल जिंदगी तबाह हो गई।

बेनीपुर में एकमात्र कब्र चार्ल्स सी. स्मिथ की है जिनकी मृत्यु 1897 ई. में हुई थी।

भीखनपुर (Bhicanpore)

भीखनपुर फैक्टरी की स्थापना 1818 ई. में की गई। मुकर्रर लीज में 1225 फजली की तिथि अंकित है। लीज सैयद मीर मोहम्मद के द्वारा भीखनपुर गाँव के लिए की गई।

यहाँ फैक्टरी बनाने की अनुमति ईस्ट इंडिया कंपनी द्वारा दी गई। 19 मार्च, 1819 को ईस्ट इंडिया कंपनी के बोर्ड ऑफ कमिश्नर्स की ओर से मि. केहिल के नाम एक पत्र लिखकर उन्हें इस उद्देश्य के लिए पचास बीघा जमीन रखने की अनुमति दी गई। इस पत्र पर तिरहुत के कार्यकारी कलेक्टर एल. डंसमूईर के हस्ताक्षर हैं। उस समय भीखनपुर काँटी के क्षेत्र में था और उसका स्वामित्व नाएल या नोवल एंड कंपनी के पास था। अभी भीखनपुर का स्वामित्व एच. हडसन और जी. रिचर्डसन के हाथों में है।

बटोलिया (Batolia)

इस फैक्टरी की स्थापना किसी व्यवसायी के द्वारा की गई थी। डॉ. चार्ल्स मैकिनन ने मुझे कुछ वर्ष पूर्व पत्र लिखकर बताया था कि मुजफ्फरपुर के एक दुकानदार मि. मीड (Meadee) ने पटना के मिराबडोला परिवार से जमीन पाई थी और उसी पर उन्होंने भवन बनाने का काम शुरू किया। इस फैक्टरी की स्थापना के सही समय की मुझे जानकारी नहीं है। इसे जब डॉ. सी. मैकिनन के द्वारा खरीदा गया था, उस समय यह शाहपुर मिरचा की एक व्यावसायिक संस्था थी। अनेक हाथों खरीद-बिक्री होने के बाद अंत में यह रडस्टोन ब्राउन की

मिल्कियत बनी। उन्होंने रामदासपुर फैक्टरी, जो 1882 ई. में बनी थी, का भी अधिग्रहण कर लिया। इस प्रतिष्ठान की मशीन सर साल्टर पाईन ने लगाई थी, जो बाद में काबुल के आमीर के इंजीनियर बने। 1858 ई. के करीब मिराबडोला परिवार के मोहम्मद बाकर खान ने इनायतनगर में एक फैक्टरी की स्थापना की। इनायतनगर की फैक्टरी में कुछ वर्षों तक काम हुआ और मोहम्मद बाकर ने जो बटोलिया की फैक्टरी भी खरीद ली थी, दोनों स्थानों को मि. आर.सी. ब्राउन के हाथ बेच दिया। इनायतनगर की फैक्टरी बंद हो गई।

बेलसंड (Belsand)

इस फैक्टरी का मुकर्ररी दस्तावेज 1794 ई. का है। इस जमीन का पट्टा राजा मुस्तफा खान द्वारा दिया गया था। इसका क्षेत्र था, 60-70 वर्ष पूर्व भगवानपुर में स्थापित फैक्टरी जिसका मुकर्ररी पट्टा 1846 ई. का है; बेलई में 1861 ई. में स्थापित फैक्टरी, इसका निर्माण सी. स्वाइन द्वारा किया गया था जिसका मुकर्ररी पट्टा 1856 ई. का है। सुखेरीह और बैजनाथपुर की फैक्टरी 1846 ई. में डेविड ब्राउन ने स्थापित की थी, इसका मुकर्ररी पट्टा 1846 ई. का है। अब ये दोनों फैक्टरी बंद हैं। पीछे देखने पर एक मैनेजर, जिसका नाम मि. पाल है, का विवरण मिलता है, लेकिन कोई स्पष्ट तिथि नहीं मिल पाई है। लोग बताते हैं कि वे और उनके पूरे परिवार को विष देकर मार डाला गया था। उन्हें जहाँ दफनाया गया है, उसके पक्के चबूतरे पर न तो उनका नाम अंकित है और न ही तिथि। उनके बाद मि. आर. रॉबर्टसन मैनेजर बनाए गए। उसके बाद जी.एन. वाइएट, फिर डेविड ब्राउन, उसके बाद पी. मैकफरलेन। पी. मैकफरलेन को मुजफ्फरपुर में दफनाया गया। उसके बाद सी. स्वाइन आए जिनकी मृत्यु 1861 ई. में कानपुर में हुई। उनके बाद टी. लेथब्रिज

और आर. लेथब्रिज आए। इस प्रतिष्ठान को मि. जे.एफ. मैकेंजी के हाथों 1873-74 में बेच दिया गया। जे.एफ. मैकेंजी के भाई डब्ल्यू.एस. मैकेंजी इस फैक्टरी का प्रबंध देख रहे थे। उनके बाद एच. मैनर्स के जिम्मे प्रबंध का काम दिया गया। उनके बाद मि. ए.एस. ट्वीडी को प्रबंध का जिम्मा सौंपा गया जिनकी मृत्यु हैजे से मुजफ्फरपुर में हो गई। उन्हें मुजफ्फरपुर में ही दफना दिया गया। उनके बाद डब्ल्यू. मैकेंजी आए और उनके बाद सी.सी. स्मिथ आए जिनकी मृत्यु हो गई और उन्हें बेनीपुर में दफनाया गया। 1884 ई. के आसपास ए.एच. रेनी के हाथों बेलसंड को बेच दिया गया। रेनी की मृत्यु समुद्री यात्रा के दौरान हो गई तथा उन्हें स्वेज में दफनाया गया। उनके बाद 1887 ई. में कैरथर्स, 1888 ई. में एल. क्राउडी, 1899 ई. में जी.आर. मैकडोनाल्ड आए। 1903 ई. में डी.जे. रीड को इसका प्रभार दिया गया, जो अभी भी बने हुए हैं।

भगवानपुर (Bhagwanpur)

ऐसा लगता है कि यह फैक्टरी तिरहुत में है, लेकिन वास्तव में यह मुँगेर में है। इसका निर्माण 1818 ई. में किया गया। इसका मुकर्ररी पट्टा (लीज) उसी वर्ष बोगछपरा (Bogchappra) के जॉन क्रिश्चियन के पक्ष में किया गया। अनेक वर्षों पूर्व एक निपुण अमेरिकन यांकी परा ने मुंगेर स्टेशन के निकट एक फैक्टरी के प्रबंध की देखरेख की थी। वे अपने पीछे तीन पुत्रों को छोड़ गए। ये तीनों बहुत मेहनती और फुर्तीले रहे हैं। इनमें से चार्ल्स का निधन डूमरा, जॉर्ज का वीरपुर और विलियम का चंपारण में हुआ। भगवानपुर की स्थापना जॉन क्रिश्चियन ने की। पुराने दस्तावेज दरशाते हैं कि कुछ गाँवों के लीज बी.बी. वारेन को दिए गए, संभवतः ऐसा इस कारण किया गया कि उनके पति क्रिश्चियन के नजदीक रहे। 1822 ई. में जॉन क्रिश्चियन ने पी. क्रम्प के हाथों इस

फैक्टरी को बेच दिया। क्रम्प और उनकी पत्नी अनेक वर्षों तक भगवानपुर में रहे। मई 1836 में उन्होंने इसका पट्टा ढ़ोली के कैप्टन स्लोन के पक्ष में कर दिया। लेकिन नवंबर में क्रम्प लौट आए और ऐसा लगता है कि क्रम्प ने फैक्टरी के मैनेजमेंट का काम कभी नहीं छोड़ा। भगवानपुर को अपने कब्जे में लेने से पूर्व क्रम्प पड़ोसी क्षेत्र की किसी फैक्टरी में सहायक का काम निश्चित रूप से करते रहे होंगे।

अक्तूबर 1822 ई. को दलसिंहसराय के मि. मोरगन ने क्रम्प को एक पत्र लिखा। पत्र में उन्होंने लिखा कि वे जल्द ही आकर उन्हें अपने पुराने मित्रों, जो उनके लिए खेती करते थे, से उन्हें मिलवाएँगे। इस पत्र से ऐसा प्रतीत होता है कि मोरगन 1818 से 1822 के बीच भगवानपुर में जरूर रहे होंगे। जॉन ब्राउन के दौलतपुर में रहने का उन्होंने उल्लेख किया है। मेसर्स एलेक्जेंडर एंड कंपनी, क्रम्प के एजेंट के रूप में कार्य करते थे। कालांतर में क्रम्प ने अपना व्यवसाय बागशॉ एंड कंपनी के साथ किया। 1845 में क्रम्प ने जेम्स एलेक्जेंडर होस्कींस के हाथ फैक्टरी बेच दी। होस्कीन ने वहाँ शुगर फैक्टरी खोलने के उद्देश्य से फैक्टरी खरीदी होगी। 1845 के एक कैश-बुक से यह पता चलता है कि उस वर्ष लीवरपूल के एच.आर. होस्कीन (जो एलेक्जेंडर होस्कीन के पिता थे) ने शुगर फैक्टरी के लिए मशीन कलकत्ता के एजेंट पोटर एंड कंपनी के मार्फत भेजी थी। कैश-बुक में यह उल्लेख है कि चीनी चार रुपए प्रति मन बेची गई, जो यह दरशाता है कि चीनी खराब किस्म की होगी, क्योंकि अच्छी किस्म की चीनी की दर 8 रुपए प्रति मन हुआ करती थी। होस्कीन अगले चार-पाँच वर्षों तक भगवानपुर में रहे। चीनी का व्यापार असफल हो गया था। 1851 में फैक्टरी का स्वामित्व अगस्टस के हाथों में था जिसके मैनेजर के रूप में जेम्स सोनड्र्स काम करते थे। इस फैक्टरी को 1853 में टॉम मार्टिन के हाथों 12,000 रुपए में बेच दिया गया, केंथ मैकलियोड इसके साझेदार थे। 1856 ई. में ई.टी.

हैरिंगटन ने इसे खरीद लिया। 1856 से इसके मैनेजर ये लोग बने— 1857 से 1861 अर्चीवाल्ड इंग्लीश, 1862 से 1863 एल. कुक, 1864 टॉम स्लेड, 1865 जे. सी मूईर, 1866 हूली, 1867 से 1871 लारेंस क्राउडी, 1872 से 1882 डब्ल्यू.एस. क्राउडी, 1882 से 1888 सी. एच. क्राउडी और उसके बाद से एल.टी. हैरिंगटन। इसी क्षेत्र के सूरजपुरा की स्थापना क्रम्प ने 1830 से 1835 के आसपास की। यह 1837 ई. में अस्तित्व में आया। आगापुर 1856 ई. में बनाया गया। भगवानपुर फैक्टरी में एक भी कब्र नहीं है।

चीतवारा (Chitwarrah)

इस प्रतिष्ठान की मुकर्ररी 1822 ई. में हुई थी। 1831 में इस फैक्टरी का स्वामित्व आर. लिवररेट के पास था। 1838 में डब्ल्यू. एच. स्माल्ट ने इसे डी. हंटर तथा एच. गुगर और उनके ट्रस्टी के हाथों बेच किया। 1837 ई. में डब्ल्यू. स्माल्ट और चार्ल्स मैकीनन के बीच साझेदारी का अनुबंध बनाया गया। अंत में इस फैक्टरी को लंदन की तिरहुत इंडिगो एसोसिएशन ने खरीद लिया और तिरहुत इंडिगो कंपनी ने इसे जी.डी. ब्लेक को बेच दिया। इसके क्षेत्र में पड़नेवाले शाहपुर पर नियंत्रण कुछ वर्ष पूर्व मि. जे.वी. वेब का हो गया।

मि. जे.वी. वेब ने शाहपुर फैक्टरी को कृषि फार्म में बदल दिया, जहाँ सभी तरह की फसलें उपजाई जाने लगीं। उनके फार्म के डेयरी उत्पादन सहित अन्य उत्पादन लोकप्रिय एवं सराहनीय हैं। जिन्हें भी ऐसे उत्पादों की आवश्यकता होती है, वे इसी जगह से उत्पादों की खरीद करते हैं। यह स्थान ताल बड़कीला के नजदीक है। ताल बड़कीला बतखों के शिकार के लिए बहुत ही उपयुक्त माना जाता है।

काँटी (Khanti)

इस व्यावसायिक संगठन का निर्माण 1778 में एलेक्जेंडर नोएल के द्वारा किया गया था, जो बाद में नोएल एंड कंपनी के नाम से जाना जाता था। 1816 ई. से 1825 ई. तक काँटी प्रधान फैक्टरी के रूप में स्थापित था जिसके अंतर्गत निम्नलिखित व्यावसायिक संगठन कार्यरत थे— बेलसंड, मोतीपुर, अमोह, तेतरिया, भीखनपुर, पीपरा तथा सीराहा, जो चंपारण में थे। उपर्युक्त वर्षों में इन सभी फैक्टरियों के लेखे का संधारण काँटी में किया जाता था। 1825 ई. में इसका स्वामित्व मेसर्स नोएल वुड तथा केहिल के अधीन था। 1832 ई. में काँटी का पट्टा एलेक्जेंडर फ्लेचर को एक वर्ष के लिए दे दिया गया। 1834 ई. में मेसर्स नोएल वुड तथा केहिल ने इसे मेसर्स फ्लेचर, जेम्स एलेक्जेंडर एवं चार्ल्स केट के हाथों बेच दिया। जनवरी 1852 में उन तीनों ने इसे मेसर्स कुलेन, हेनरी लम्सडन एवं थॉमस मूईर के हाथों बेच दिया। पुनः इसी वर्ष मई में उन्होंने इसे डॉ. डी. बेग के हाथों बेच दिया।

1866 ई. में काँटी एवं मोतीपुर की फैक्टरियाँ के. मैकलियाड और चार्ल्स मैक डोनाल्ड को बेच दी गईं। 1872 ई. में सी.एम. मैकडोनाल्ड ने अपनी हिस्सेदारी नील मैकडोनाल्ड और थॉमस मार्टीन के हाथों बेच दी, जबकि के. मैकलियाड ने अपनी हिस्सेदारी जेम्स कौक्स को बेच दी। इसी वर्ष जेम्स कौक्स ने अपनी हिस्सेदारी में से दो आने की हिस्सेदारी जॉर्ज टूमी को तथा 1881 ई. में टी. मार्टिन ने भी अपनी दो आना की हिस्सेदारी जार्ज टूमी को बेच दी। 1883 ई. में एन. मैकडोनाल्ड के प्रबंधकों ने उनकी हिस्सेदारी में से चार आने की हिस्सेदारी जॉर्ज टूमी को बेच दी। उसी वर्ष टी. मार्टिन तथा जेम्स कौक्स ने अपनी बची हुई हिस्सेदारी भी थॉमस गीबन और जॉर्ज टूमी के हाथों बेच दी। 1894 ई. में थॉमस गीबन ने अपनी हिस्सेदारी का चार आना हिस्सा मिसेज फ्लोरा

टूमी को बेच दिया। मैंने पाया कि 1820 ई. में आर. केहिल ने उल्लेख किया है कि इस फैक्टरी की स्थापना एलेक्जेंडर नोएल के द्वारा की गई। 1776 से 1826 के बीच नोएल और केहिल के नामों का उल्लेख मैनेजर के रूप में किया गया। 1826 ई. से 1832 ई. तक डी. ब्राउन ने काँटी की फैक्टरी के प्रबंधन का कार्य सँभाला। उसके पश्चात् जॉर्ज टेलर और उसके बाद डी. आर. क्राफोर्ड ने 1842 ई. से 1852 ई. तक कार्य किया। उनके बाद चार्ल्स स्वाइन एवं अन्य लोगों ने इस फैक्टरी के प्रबंधन का कार्य किया। 1869 ई. से 1874 ई. तक जॉर्ज टूमी इसके मैनेजर बने। टूमी के बाद आर.सी. ब्राउन को 1874-75 में मैनेजर बनाया गया।

टूमी पुनः 1880 में आ गए। उनके बाद डब्ल्यू. ए. कौक्स को 1883 ई. में मैनेजर बनाया गया। तत्पश्चात् ए. मैक रे, एफ.ए. शॉ, एच.ई. कौक्स और पुनः ए. मैक रे को 1893 ई. में मैनेजर बनाया गया। वर्तमान समय के मैनेजर जॉर्ज आर. टूमी जूनियर, 1894 से इस फैक्टरी की देखरेख का जिम्मा सँभाल रहे हैं। काँटी में अभी जहाँ पर छोटा बँगला बना है, वहीं पर बड़ा बँगला था, जो इस छोटे बँगले जैसा सुंदर नहीं था। बड़े बँगले का निर्माण केहिल या जॉर्ज टेलर ने कराया था। काँटी के ही क्षेत्र में रगाई (Ragai) भी है जिसका निर्माण भी उसी समय किया गया जब काँटी की फैक्टरी का निर्माण हुआ था। लवतन (Lowtan) की स्थापना 1884 ई. में, नारीयर (Narriar) की स्थापना 1887 ई. में की गई। काँटी के मालिक और मैनेजर अपने आतिथ्य-सत्कार के लिए हमेशा मशहूर रहे। चूँकि काँटी मुजफ्फरपुर से मात्र आठ मील पर अवस्थित है, अतः पिकनिक के लिए यह बड़ी ही अच्छी जगह है। जार्ज टेलर ने चार घोड़ों की एक गाड़ी रखी थी जिसका कोचवान एक अंग्रेज हुआ करता था। इसी गाड़ी से कोचवान मुजफ्फरपुर जाकर अतिथियों को लाता था और वे लोग कुछ दूरी पर अवस्थित पानापुर जाते थे, जहाँ एक सुंदर और विशाल वटवृक्ष का पेड़ था। यह पेड़ सात एकड़ जमीन

में छाँव देता था। यह जगह पिकनिक करनेवालों के लिए बढ़िया एवं मनोरंजक मानी जाती थी। रिपोर्ट में उल्लेख है कि जार्ज टेलर ने प्रत्येक बेडरूम में एक-एक म्यूजिकल बॉक्स लगा रखा था जिससे कि उनके अतिथि सोने के समय संगीत का आनंद ले सकें। अब वे दिन चले गए, वैसी व्यवस्था अब सपनों जैसी लगती है।

मि. केहिल के संबंध में एक अच्छी कहानी कही गई। वे अपने मैनेजर मि. डी.आर. क्राफोर्ड के साथ काँटी में रुके हुए थे। वहाँ पर कुछ कठिनाई हुई जिसके कारण शिकायत करने की नौबत आ गई। डी.आर. क्राफोर्ड ने मि. के. हिल को सुझाव देते हुए कहा कि इसके लिए बड़ी रकम की आवश्यकता है। मि. केहिल ने कहा, 'नहीं-नहीं, मैं इसके लिए सहमत .हीं हो सकता।' इसके बाद वे दोनों सोने चले गए। सुबह में मि. केहिल डी.आर. क्राफोर्ड के पास आए और कहा—'रात में जिस मुद्दे पर हम चर्चा कर रहे थे, उस संबंध में आप यह न सोचें कि वह आदमी कम लेगा।'

डूमरा (Doomra)

इस फैक्टरी का मुकर्ररी पट्टा 1834 ई. का है। जिसके नाम से यह पट्टा लिखा गया है उसका नाम मिट गया है। लेकिन प्रथम अक्षर से लगता है कि उनका नाम डेविड या डेविड ब्राडी होगा। फारसी दस्तावेज में मारकेड का नाम है, जो 1811 ई. में डूमरा के लिए है; हस्ताक्षर अंग्रेजी में हैं जो पठनीय नहीं हैं। उसके क्षेत्र में पनचोर (Punchore) और बथनाहा हैं। पनचोर का निर्माण किसने किया, इससे संबंधित रिकॉर्ड उपलब्ध नहीं हैं। बथनाहा का निर्माण जॉन मिचेल ने अपने पैसे से कराया था जिसे बाद में डूमरा व्यावसायिक प्रतिष्ठान ने ले लिया। अब यह पुनः एक अलग फैक्टरी के रूप में काम कर रहा है। इस फैक्टरी का स्वामित्व मि. मूर के

पास है। 1844 ई. या उसके पूर्व एक चीनी मिल डूमरा में स्थापित की गई थी। वहाँ एक वैक्यूम पैन लगाया गया था जिसके कारण चीनी की अच्छी किस्म तैयार होती थी। चीनी और नील का उत्पादन साथ-साथ होता था। अनेक व्यावसायिक प्रतिष्ठानों के साथ ही डूमरा का भी स्वामित्व तिरहुत इंडिगो एसोसिएशन ऑफ लंदन के अधीन था। डूमरा फैक्टरी के प्रबंधन की जिम्मेवारी 1846-47 में डब्ल्यू.सी. बेडली के पास थी। उनके पहले का रिकॉर्ड उपलब्ध नहीं है। जॉन मिचले के संबंध में एक कहानी प्रचलित है। उन्हें इस फैक्टरी में बहुत दिलचस्पी थी और इसे बनाने में उन्होंने खुद के 10000 रुपए लगाए थे। इस फैक्टरी पर कुल खर्च एक लाख रुपए हुआ था। किसी ने उनसे पूछा कि एजेंटों के एक लाख रुपए का क्या होगा? उन्होंने जवाब दिया, 'छोड़ो एजेंट के एक लाख, मैं तो अपने दस हजार रुपए की फ्रिक में हूँ।' दो बहुत ही पुरानी कैश-बुक मिली हैं जिनमें से एक पर डी. जोशे के हस्ताक्षर हैं। इन कैश-बुक में जो भी प्रविष्टियाँ की गई हैं, वे साफ-सुथरी और बिना किसी गड़बड़ी की हैं। किसी बात को छिपाया नहीं गया है—एक फावड़े को फावड़े के ही रूप में दर्ज किया गया है। ये कैश-बुक 1815 ई. की हैं। बहुत से लोग इन कैश-बुकों को कौतूहल से देखते हैं और इस कारण इन्हें ताले में बंद कर रख दिया गया है। डूमरा के उत्तर-पश्चिम डायन छपरा है, जहाँ एक फैक्टरी बंद पड़ी है। इसके उत्तर दिशा में होलक्यारी अवस्थित है, जहाँ अनेक वर्षों पूर्व सेना ने अपना डेरा डाला था। अभी भी वहाँ परेड का मैदान और कुछ बँगले अस्तित्व में हैं। यहाँ एक कब्रिस्तान है, जिनके गुंबदवाले पत्थरों पर निम्नलिखित अंकित है—

22वीं रेजिमेंट की दूसरी बटालियन के कैप्टन जॉन फ्रेंसिस ब्लैकनी की याद में 31 वर्षीय कैप्टन की कब्र उनके भाई ने उनकी याद में बनवाई थी। कैप्टन की मृत्यु नेपाली काररवाई करते समय पहली जनवरी 1815 को हुई थी।

लेफ्टिनेंट जॉन फेरयर गुड की पवित्र याद में—

वे 25वीं रेजिमेंट की दूसरी बटालियन के एक श्रेष्ठ अधिकारी थे। वे एक सीधे, ईमानदार और मिलनसार व्यक्ति थे। उनकी मृत्यु 14 नवंबर, 1816 को एक बीमारी के बाद हो गई। अपने निधन पर शोक करने के लिए उन्होंने अपने पीछे विलाप करती विधवा एवं बच्चों को छोड़ा। वे एक उत्तम पति और पिता थे। इस स्मारक का निर्माण उनके कुछ शोकाकुल मित्रों ने किया था।

स्नेहशील याद में, उम्र 29—

यहाँ मेजर सी.पी. राय का शरीर है जिनकी मृत्यु 38 वर्ष की आयु में 27 जुलाई, 1820 को हुई थी।

उन्होंने चंपारण लाइट इनफैंट्री का नेतृत्व किया। वे एक श्रेष्ठ सैन्य अधिकारी थे। एक अच्छे और सीधे-सादे इंसान होने के कारण उनको जाननेवाले सभी लोगों ने उनकी मृत्यु पर गहरा शोक प्रकट किया। उन्होंने अपनी मृत्यु पर शोक मनाने के लिए अपनी विधवा एवं एक नवजात शिशु को छोड़ा। इस स्मारक को उनकी पत्नी ने अपने पति की याद में एक छोटी श्रद्धांजलि के तौर पर बनवाया।

कब्र के गुंबद पर अंकित है—

लेफ्टिनेंट कर्नल एडवर्ड केली (एच.एम. सर्विस) की याद में, जिनकी मृत्यु 54 वर्ष की आयु में 6 अगस्त, 1828 ई. को हुई।

इस बहादुर अधिकारी ने अपने राजा की ओर से फ्लैनडर्स, स्पेन और वाटरलू में अपनी सेवा दी। वाटरलू में वे गंभीर रूप से घायल हो गए। भरतपुर के किले पर कब्जा करते समय वे भी थे। बाद में उन्हें अवा (Ava) भेज दिया गया जहाँ वे बीमार हो गए, इसी बीमारी के कारण उनकी मृत्यु हुई। जी.सी.बी. कमांडर-इन चीफ (जिनके वे व्यक्तिगत

स्टाफ के रूप में काम कर चुके थे) एवं अन्य अधिकारियों ने उनके सम्मान में यह स्मारक बनवाया है।

कब्र के गुबंद पर अंकित है—

चार्ल्स स्टीवर्ट ग्रांट, एम.एल., असिस्टेंट सर्जन की पवित्र याद में, जो 63वीं रेजिमेंट के थे। उनकी मृत्यु 37 वर्ष की उम्र में 14 अक्टूबर, 1833 को हुई। उनके साथ काम करनेवाले अधिकारियों ने उनके सम्मान में इस स्मारक को बनवाया।

वहाँ पर उनके अतिरिक्त भी अनेक कब्र थीं। लेकिन सरकार द्वारा उनके रख-रखाव एवं मरम्मत करने से पूर्व ही गाँववाले उन कब्रों से पत्थर के स्लैब अलग कर उनका इस्तेमाल करी पाउडर पीसने के लिए करने लगे।

डूमरा फैक्टरी परिसर में रॉबर्ट उडरफ स्टलक्राट जिनकी मृत्यु 29 वर्ष की आयु में मार्च 1847 में हुई थी तथा चार्ल्स रॉबर्ट प्राट जिनकी मृत्यु 31 वर्ष की आयु में 10 अगस्त, 1851 ई. को हुई थी, इन दोनों की कब्र बनाई गई थी। डच की भी दो कब्रों के अवशेष हैं, लेकिन उन पर कुछ भी अंकित नहीं है। मि. एम.जे. विल्सन ने 1853-54 ई. में डूमरा, पुपरी और करनौल छोड़ दिया और पुपरी आ गए, जहाँ से वे डूमरा का भी प्रबंध कार्य सँभालते रहे। 1854 ई. के अंत में वे डूमरा आ गए और वहाँ वे 1855 के अंत तक रहे। 1856 में वे शाहपुर मिरचा फैक्टरी चले आए, जहाँ से उन्होंने डूमरा का भी कार्य देखा। डूमरा फैक्टरी जिले के उत्तर में अवस्थित है तथा यह सीतामढ़ी अनुमंडल के दक्षिण में है। अनेक हाथों से गुजरने के बाद अब इसका स्वामित्व मि. जे.ए.एम. विल्सन के पास है।

दाउदपुर (Doudpore)

इस फैक्टरी की स्थापना 1798 ई. में हुई थी। इसके मुकर्ररी पट्टे पर 1 मई, 1798 की तिथि है, जो मि. पावेल के नाम है। इसी क्षेत्र के अरीगपुर का निर्माण 1829 ई. में किया गया था। इसका मुकर्ररी पट्टा नोयल एंड कंपनी के नाम पर है। इसी के एक दूसरे क्षेत्र मौसारी (Mousari) में 1822 में फैक्टरी की स्थापना की गई। चाजन (Chajun) में 1864 में फैक्टरी बनाई गई। इसका मुकर्ररी पट्टा एफ. कोलिन ग्रिज के नाम से है। इन्होंने ही इस फैक्टरी की स्थापना की। प्रारंभ में यह काँटी का एक भाग था। 1847 में सी. स्वाइन से पूर्व इस फैक्टरी के अन्य मैनेजरों का नाम मुझे ज्ञात नहीं हो सका। दाउदपुर के उत्तर में एक पुराना रणक्षेत्र (Battle Field) है। लेकिन इस युद्ध के मैदान के संबंध में लोगों को कुछ भी ज्ञात नहीं है और न ही यह मालूम है कि यहाँ किन दो लोगों के बीच युद्ध हुआ था। यहाँ पर मुसलिमों की अनेक कब्रें हैं, इसलिए मेरा मानना है कि युद्ध मुसलिमों एवं हिंदुओं के बीच हुआ होगा।

1861 ई. में एच. कोलिन ग्रिज, डॉ. सी. मैकनमरा और जे.एस. बेग ने दाउदपुर फैक्टरी को खरीद लिया। एफ. कोलिना ग्रिज ने फैक्टरी की देख-रेख का जिम्मा ले लिया। उन्होंने इसका प्रबंधन 1867 तक किया और उसी वर्ष वे अपने घर चले गए। उन्होंने पुनः वापस आकर फैक्टरी की जिम्मेदारी 1876 तक सँभाली। उसके बाद उनके पुत्र हर्बर्ट ने फैक्टरी का प्रभार ले लिया। 1882 में एच. कोलिन ग्रिज ने फैक्टरी का चार आना हिस्सा खरीद लिया और 1876 से 1893 तक इस फैक्टरी को सँभाला। 1893 में मि. जी.टी. कोलिन ग्रिज इसके मैनेजर बनाए गए। अब इस व्यावसायिक संगठन का मालिक कोलिन ग्रिज परिवार है।

दौलतपुर (Daulatpore)

इस फैक्टरी के सबसे पुराने जो कागजात मिले हैं, उसमें है 1804 ई. की लगान रसीद। बाबू दिलीप सिंह ने इस रसीद को जॉन ब्राउन, मैनेजर के नाम जारी किया था। अफवाह है कि दौलतपुर की फैक्टरी पूर्व में पहले एक चीनी फैक्टरी थी। इसी क्षेत्र के मेघौल में करीब 1850 ई. में फैक्टरी की स्थापना की गई। मैं यह पता नहीं लगा सका कि इस फैक्टरी की देखरेख जॉन ब्राउन और आर. रोनाल्ड के काम करने के बीच 1847 में किसने की। वह जो भी था, उसकी हत्या देवघर में विद्रोहियों द्वारा 1857 में कर दी गई। डब्ल्यू. सी. वैडेली 1856 में मैनेजर थे। उनके पश्चात् एफ. एच. हुले, एच. स्पेनसर और सी. मैकडोनाल्ड 1865 में मैनेजर बने। उनके बाद 1872 में जेम्स क्राउडी मैनेजर बने। इसके पश्चात् के. मैकाइवर, सी. रॉबर्टसन, टी. रॉबर्टसन और उनके बाद वर्तमान समय के मैनेजर सी. मैकडोनाल्ड, जूनियर ने 1901 में फैक्टरी का प्रभार लिया।

जब मैं इस जिले में आया था, उस समय दौलतपुर की फैक्टरी को बहुत अच्छी फैक्टरी नहीं माना जाता था। इस फैक्टरी की जमीन उपजाऊ नहीं थी। मि. डब्ल्यू.सी. बैडली ने इस फैक्टरी की जमीन को उपजाऊ बनाने की कोशिश की। जमीन की कड़ी मिट्टी में उन्होंने बालू मिलवाया। बालू डालने के बाद जमीन इतनी अधिक उपजाऊ हो गई कि इस क्षेत्र के बाशिंदे इसे ईर्ष्याभरी नजरों से देखने लगे। स्थानीय किसान उन जमीनों को चालीस रुपए सालाना देकर भी लेने को तैयार थे।

धर्मपुर (Dhurmpore)

धर्मपुर फैक्टरी को जे.सी. मूईर ने बनवाया था जब वे चितवारा में थे। इस फैक्टरी की शुरुआत होने की कहानी इस प्रकार है—मूईर और

जॉर्ज स्मिथ के बीच ईर्ष्या रहती है। जार्ज शाहपुर मिरचा की फैक्टरी चलाते थे। मूईर ने सोचा कि जार्ज करहरी में फैक्टरी लगाकर चितवारा देहात में घुसपैठ कर रहे हैं, इसलिए उन्होंने धर्मपुर में फैक्टरी लगाना शुरू कर दिया। इसमें उन्होंने काफी रकम लगाई, साथ-साथ उन्होंने जार्ज के प्रति अपनी कटु भावना का भी प्रदर्शन किया। यह एक अनोखी बात थी कि जॉर्ज स्मिथ और जे. मूईर दोनों ही तिरहुत इंडिगो एसोसिएशन के कर्मचारी थे और वे दोनों अपनी-अपनी जिद को पूरा करने के लिए कंपनी का पैसा लगा रहे थे। धर्मपुर फैक्टरी करीब 1859 में बनी थी। मुझे पता नहीं चल सका कि उसके रेसिडेंट मैनेजर कौन थे। तिरहुत इंडिगो एसोसिएशन द्वारा इसे मकबूल हसन को बेच दिया गया। मकबूल हसन ने इसे जॉन मार्टिन बेचर के हाथों बेच दिया। उसके बाद इसका स्वामित्व हाजी सैयद मोहम्मद तुकी खाँ के पास आ गया। हाजी के वरिसों ने इसे जे. एम. विल्सन को बेच दिया। इस फैक्टरी का एक क्षेत्र था जिसका नाम चपटा (Chupta) था। इस स्थान का निर्माण सिंधिया फैक्टरी के लिए मि. डब्ल्यू. लीहेलिन ने किया था, जो अदला-बदली कर धर्मपुर का एक भाग हो गया। इसी धर्मपुर की फैक्टरी को अंततः जे.एम. विल्सन ने खरीद लिया, जो अभी भी इसके स्वामी हैं।

कुटुपुर में एक छोटी फैक्टरी के भी मालिक मि. जे.एम. विल्सन हैं। यह फैक्टरी धर्मपुर फैक्टरी की सीमा से सटी हुई है।

दुरीया (Dooria)

इस फैक्टरी का मुकर्ररी दस्तावेज 1807 ई. का है। इस फैक्टरी के बहुत थोड़े से दस्तावेज बचे हैं। पुराने समय में साल्टपीटर एक मुनाफेवाला उद्योग था। अन्य जगहों की तरह ही दुरीया में भी साल्टपीटर उद्योग था। पुराने दिनों के तकाबस्त मैप में इसे साल्टपीटर फैक्टरी के रूप में दरशाया

गया है। 1780 ई. में दुरीया फैक्टरी में नील का उत्पादन शुरू हो गया था। जॉन फिंच, जो 1778 ई. में इस देश में आए थे, उन्होंने ही दुरीया फैक्टरी का निर्माण 1793 में किया था। पुराने जो दस्तावेज उपलब्ध हैं, उनसे ज्ञात होता है कि आर्थर जोन्स इसके प्रथम मैनेजिंग प्रोप्राइटर थे। उनके बाद निकोल, फिंच इसके मालिक हुए। फैक्टरी रिकॉर्ड के अनुसार फिंच के बाद विलियम मैनेजर बने जिनका पूरा नाम विलियम हावेल था। जॉन फिंच और हावेल के बीच भी कोई मैनेजर आए होंगे, लेकिन इसका कोई रिकॉर्ड उपलब्ध नहीं है। 1845-46 में जब इस फैक्टरी की बागडोर तिरहुत इंडिगो एसोसिएशन ऑफ लंदन के हाथों में आई तो चीनी का उत्पादन शुरू किया गया, लेकिन कुछ वर्षों बाद ही चीनी का उत्पादन छोड़ दिया गया। 1864-65 में तिरहुत इंडिगो एसोसिएशन ऑफ लंदन ने इस फैक्टरी को मेसर्स ई. स्टड और लाक्लीम मैकडोनाल्ड के हाथों बेच दिया। तिरहुत इंडिगो एसोसिएशन ऑफ लंदन के स्वामित्व काल में 18 48 में जब विलियम हावेल की मृत्यु हो गई तो फैक्टरी के प्रबंधन का जिम्मा चार्ल्स गेल को दिया गया। उनके बाद एफ. कोलिन ग्रिज और जे. सी. मूईर इसके मैनेजर बनाए गए। स्टड द्वारा जब फैक्टरी खरीद ली गई तो एल. मैकडोनाल्ड इसके मैनेजर हुए। उनके बाद अनेक लोग मैनेजर के रूप में फैक्टरी की देखरेख कर रहे हैं। जिन वर्षों फैक्टरी की कमान मि. ए. मैकडोनाल्ड और मैकरे के हाथों में थी, उन वर्षों में उत्पादन का रिकॉर्ड बना और चूँकि कीमतें ऊँची थीं अतएव फैक्टरी को अच्छी मात्रा में मुनाफा हुआ। दुनिया के नील का रंग खूबसूरती के लिए मशहूर था और इसकी कीमत बिहार में अन्य जगहों पर उत्पादित नील से अधिक होती है।

फैक्टरी से कुछ ही दूरी पर एक कब्रगाह है। ऐसा माना जाता है कि यह कब्रगाह फैक्टरी में काम करनेवाले डच लोगों की है। इन कब्रों पर किसी तरह का कुछ भी नहीं लिखा हुआ है। गार्डेन में निम्नलिखित तीन कब्रें हैं—

मि. जार्ज क्रिस्टी की पवित्र याद में—इनकी मृत्यु 18 अगस्त, 1812 को हुई। इनके पिता जेम्स क्रिस्टी ब्रह्मपुर के थे। इनकी उम्र 20 वर्ष 2 महीने थी।

विलियम मेनार्ड हावेल की पवित्र याद में—ये कार्डिगनाशायर के स्व. थॉमस हावेल के छोटे पुत्र थे। इनकी मृत्यु 8 अक्तूबर, 1847 को 34 वर्ष 8 महीने की आयु में हुई।

जेनेट ब्लैकवार्न व्हाइट की पवित्र याद में—इनकी मृत्यु 27 दिसंबर, 1867 को हुई।

मुझे मेरे एक मित्र ने दुरीया फैक्टरी के खर्च का ब्योरा दिया। यह ब्योरा 1795 का है। जनवरी 1795 से दिसंबर 1795 का कुल 31-924-9-0 रुपया है। इसमें सुराह और घी के व्यवसाय भी शामिल हैं। इस बात का इस दस्तावेज में कोई उल्लेख नहीं है के ये व्यवसाय क्या हैं, कहाँ हैं। इस दस्तावेज में मैनेजर के नाम का भी कोई उल्लेख नहीं है, कितने बीघा में नील की खेती की गई, इसका भी कोई विवरण नहीं है। मेरे मित्र ने जिले के कुछ प्लांटर्स के नाम भी दिए हैं, जो दशकों से इस काम को कर रहे हैं। उन्होंने प्लांटर्स की जो सूची दी है, उसमें कुछ नामों को जोड़ने की आवश्यकता है और मैं अनुगृहीत होऊँगा यदि कोई इस सूची को ठीक कर दे। 1820-1830 के दशक के निम्नलिखित नामों की सूची है—पी. क्रम्प, जे. मैकेंजी, एच. शरमैन, डेविड ब्राउन, जेम्स स्लेड, टी. गिबौन, जे. बक, जे. वाटसन, जे. फिंच, एफ. फिंच, जे. थॉमस गिल, डॉ. सी. मैकिनन, यूले, जोसेफ हिल, हेनरी हिल, जेम्स हिल।

1830-40 के दशक में नामों की सूची—मोर्गन, जार्ज ड्रुमंड, के. मैकलियोड, जॉन गेल, जेम्स कौसरैट, ई. विल्सन, आर. विल्सन, ए. रोच, एफ. कोलिन ग्रिज, डेविड क्राफोर्ड, एंड्र्यू क्राफोर्ड, जेम्स विल्सन, जॉन बेचर, कैप्टन एच. बेचर, आर. टेलर, जॉर्ज टेलर, डब्ल्यू. मोरन,

हैरी ब्राउन, ई. हार्डिंग, जे. मिचेल, जी.एन. वाइएट, एच. हौलवे, मोन्स डी ला सेन, सी.डब्ल्यू. गेल, चार्ल्स स्वाइन, ए. ब्राउन, एल. कासरैट, जेम्स कासरैट, डब्ल्यू.सी. वेडेली, जेम्स कौक्स, थॉमस स्लेड, टी. मार्टिन, जॉन मैकरे, ई. स्टड, डब्ल्यू. डौंट, सी. वालविन, एल. कुक, जेम्स कुक, जे.आर. मैकेंजी, जे. एंडरसन, आर. केहिल, जूनियर जेम्स कौक्स, एडवर्ट स्टड।

1840–50 के दशक में प्लांटर्स की सूची इस प्रकार है—एच. हौलवे, आर. वेनन, टॉम कौक्स, बी. एंडरसन, जी. विलियमसन, डब्ल्यू. विलियम्सन, डब्ल्यू. शारण्ले, जी. मिचेल, आर. ब्रेडली, आर्थर क्रुक, जी. मेनाब्लस, सी. स्टाचन, आर्किबाल्ड इगलिस, मिंडेन विल्सन, सौंडर सी. वेरप्लेग, ए.बी. यंग जेम्स. शेरमैन, ई. शेरमैन, एच शेरमैन, जेम्स मिचेल, बुकानन, जे.एम. बेचर, एच. हूपर, एफ.एच. होलवे, जे.एस. स्मिथ, डी. क्रुज, डीपेन, डब्ल्यू. गार्सटीन, ओगिलवी, अल्फ्रेड ट्राइप, जेम्स एस. बेग, पी. मैकफारलेन, गुडएनफ, क्रटीश, डब्ल्यू. जेम्स, होसमोर, फेरियन।

सन् 1850–1860 की सूची में उल्लेखित नाम इस प्रकार हैं—सर डी.एच. मैकफारलेन, एच. हडसन, जे.एफ. मैकेंजी, एफ. डब्ल्यू. विनग्रोम, एल. मैकडोनाल्ड, जे.सी. मूईर, ए. अरहर्ट, पी. क्रम्प, जूनियर, ई. अरहर्ट, डी.बी. व्हाइट, ई.टी. हैरिंगटन, डब्ल्यू.एम. स्टीवार्ट, जेम्स विल्सन, वरवाड्यूक, जी. मूर, ब्लूएट कौलथ्रस्ट, जॉन एंडरसन, सी.वी. अरग्लेश, जॉन गेल जूनियर, ए. हावेल, जेम्स स्मिथ, चार्ल्स ओमन, हिल्डब्रांड, डब्ल्यू.एच. बुलेन, ए. मैकरे, डब्ल्यू. हावेल, जे. हावेल, एम.एच. गेल, ई. स्मिथ, एम. स्मिथ, आर. रीडेल, डब्ल्यू. रीडेल, एच. स्पेनसर, जोसफ ट्राइप, टी. लेथ ब्रिज, आर. लेथ ब्रिज, टी. डायर, सी. प्राट, जार्ज. प्राट, डब्ल्यू. प्राट, ई. लैंब, सी. मैकडोनाल्ड, इमान्स, ई. डगलीश, जी. मैन, जोसेफ फिंच, जूनियर, एम. ल्वाइड, आर. ब्रुक, जार्ज टूमे, जे. नील, ए. मैकरे, बोल्टन, डब्ल्यू. मैकक्वीन, जे. क्राफोर्ड,

टी. एम. गिब्बन, डब्ल्यू. गिब्बन, एन. मैकडोनाल्ड, एम. मैकडोनाल्ड, जे. रीड, डी.एन. रीड, ए.एस. ट्वीड, जी.डी. ब्लेक, एलिस्टर मैकीनन, ब्लेक, डब्ल्यू. कैंपवेल, जेम्स स्टीवार्ट, के. मैकलियन, इनेस मैकडोनाल्ड, डब्ल्यू. मैकडोनाल्ड, जॉर्ज डीलय, जार्ज लिहवेलिन, जे. हैमिल्टन।

1860 से 1870 की सूची—जार्ज हेनेसे, डब्ल्यू. ओवन, डेविड ओवन, डी.बी. बुलेन, सी. सैंडरसन, जे. फार्ब्स टी. लैंब, जी ब्लूमफील्ड, आर. ब्लूमफील्ड, हूले, जे.के. मैकाईवर, जी. मैकेंजी, एफ. फोर्थ, डब्ल्यू. कूपर, जी. हैमिल्टन, डब्ल्यू. ब्रुक, सी.एच. वेब, एच. मैकडोनाल्ड, जी. स्मिथ, जी विल्सन, सी. गेल, जूनियर, जी. मैकेमन, एन. कैंपवेल, डब्ल्यू. मोरन, बुल, जैक, हालवे, जेम्स, आर्थर, जे. हिल जूनियर, आर. हिल, जूनियर डी. बेग जूनियर, आर. मैकिनन, डब्ल्यू. कोकबर्न, साइमन निकोलसन, एस. बीचर, हैमिल्टन, आर. इराविन, डब्ल्यू. एस. मैकेंजी, डब्ल्यू. मैकग्रेगर, आर. विल्सन, ए. मैकालिस्टर, डब्ल्यू. एम. स्मिथ, डब्ल्यू. स्मिथ, के. एम. मैकडोनाल्ड, जी. पूहे, जॉन फ्रेजर, जी. प्राउडफूट, डब्ल्यू. बस्कीन, जी. बस्कीन, आर. रॉबर्टसन, जी. मैकइवेन, हेंडरसन, चैपमैन, डब्ल्यू. मैकेंजी, एफ. हेमले, लेडी मैकडोनाल्ड, जी.एफ. शॉ, एम. मैकक्वीन, डब्ल्यू. गिब्वेन (संघाई) एन.एस. मैकेलियन, डब्ल्यू. हीक्के, टी. हीक्के, बी. हीक्के सिनियर, हू लेवेलिन, डब्ल्यू. लेवेलिन, साइरील इरवाइन, जियो. एक्सहाउ, ई. एक्सहाउ, कूपर, सी. पोप, विल्किन्सन, के. मैकाइवर, जी. विलियम, एल. कोक, जूनियर, जी. स्वाइन, जूनियर, एल. विल्सन, टी. फ्रेजर, डी. इरविन, जी. इरविन, डी. मैकाइनन, जेम्स हॉग, हेनरी फ्रेजर, हू मैकडोनाल्ड, जे. इंगलिश, एफ. मूरे, ई. स्टड जूनियर, पीचर. ब्राउन, टुलोच, आर. ब्राउन, डी रीड, हेनरी स्टड, आर. वालेर, ए. मैकाइवर, एस. मैकाइवर, एडम्स, अंगस मैकविन, ई. मैकनाटेन, जॉन फ्रीमैन, पंबर्टन, ट्रेवर लवाइड, एच. ई. एबौट, जी. रेन्नी, जी. निकोलच, डब्ल्यू.

निकोलच, ए. एडवर्ड, आर्थर इल्लिस, एम.एन. मैकलियोड, एफ. वे फरोन, ग्रांट, फ्रीमैन नं. 2, वींस, आर. फिलिप्स, सी.सी. स्मिथ, एच. मैनर्स, बोरीकन, डब्ल्यू. मैकलियोड, क्रेसवेल, ए. मैकबेन।

1870 से 1880 की सूची—ई. राबर्ट, लीव्हेलिन, लौरी, ए. मैकइंटोस, डब्ल्यू. मैकग्रेगर, डब्ल्यू. के.वी., कार्ललिस्ल, ए. एबौट, चार्ल्स मैकेंजी, फिंच, चाल्मर्स, हुली, पीर्स, जोन्स, स्मिथ, मैकइंटोस सीजन, एन. मैकलियोड, जे. शौर्ट, फरक्यूहर मैकनिनन, एच. डग्लेइस, रेन्नी, जूनियर, बार्कले, बोल्टन, जेम्स विल्सन, सी. निकोलसन, बारलो, कोफीन, एडवर्ड, आर. हडसन, फ्रीमैन नं.–3, फिलिप्स नं.–2, वूड नं.–1, वूड नं.–2, ई. मैनर्स, डब्ल्यू. थाम्स, फ्लेवेल, कैंपबेल, जॉन ग्रांट, शेफिल्ड, जे. मैक ग्रेगर, डब्ल्यू.ओ. मैकग्रेगर, ए. मार्क फारलेन, एच. क्राउडी, जेम्स मैकेंजी, डी. क्राफोर्ड, एच.टी. केर, ई. निकोलय, ई. बेचर, एफ. बींग, जी. कोलिनग्रिज, एम. मैकेंजी, बी. शौर्ट, के. शौर्ट।

1870–80 तक के प्लानटरों की सूची—एच. कोलिंगरिज, जूनियर, डब्ल्यू.एस. इरविन, ए. ओगिलवे, सी.एफ. रक्सटन, टी.आर. फिलगेट, जी.पी. हयूम, आर.आर. क्रूकशैंक, टी. होडिंग, एस. बेचर।

1880 से मैं किसी नए व्यक्ति का इस व्यवसाय में पदार्पण होता नहीं देखता हूँ। लेकिन मेरा मानना है कि 1880 से 1890 के बीच लगभग 30 से 50 नए लोग इस व्यवसाय से जरूर जुड़े होंगे। और 1890 से 1900 ई. या 1905 ई. तक इससे भी अधिक लोग नए प्लांटर्स के रूप में आए होंगे। सूची बहुत ही त्रुटिपूर्ण है, लेकिन इस सूची से यह पता लगाने में मदद मिलती है कि कितने लोग इस व्यवसाय से जुड़े और कितनों ने इसे छोड़ा।

ढोली (Dholi)

ढोली की फैक्टरी का निर्माण कब हुआ, इससे संबंधित दस्तावेज उपलब्ध नहीं हैं। स्थानीय निवासी बताते हैं कि इस फैक्टरी का निर्माण

1203 फसली या 1796 ई. में हुआ है। कलेक्ट्रेट के दस्तावेज के मुताबिक मि. डब्ल्यू. ओरबी हंटर ने ढ़ोली फैक्टरी के प्रबंधन का कार्य किया।

स्थानीय निवासियों का मानना है कि ढ़ोली फैक्टरी का निर्माण कैप्टन स्लोन ने किया था। मिसेज स्लोन, जो स्लोन से विवाह करने से पूर्व मिसेज होपकिंस थीं, को ही ढ़ोली फैक्टरी के निर्माण का प्रेरणास्त्रोत माना गया है। उन्हें लोग बीबी होपकिंस के नाम से बुलाते थे। वे एक होशियार महिला थीं। नौकरों एवं किराएदारों के साथ उनका व्यवहार हमेशा अच्छा रहता था। लोगों का मानना था कि उन्हें जादू–टोने की शक्ति प्राप्त थी और स्थानीय निवासी उनके अभिशाप से डरते थे। लोगों का मानना था कि उन्हें भविष्यवाणी की भी शक्ति प्राप्त है। वे एक ऊर्जावान महिला थीं तथा कृषि कार्यों के मुआयने के लिए वे एक छोटे हाथी पर सवार होकर निकलती थीं। मेरे पास कुछ कागजात उपलब्ध हैं जिनके आधार पर कहा जा सकता है कि मि. कैप्टन स्लोन ने इस फैक्टरी का प्रबंध 1823 से 1833 ई. तक किया। डॉ. सी. मैकिनन इस फैक्टरी के बतौर मैनेजर और मालिक बनकर 1837 ई. में आए। संभवतः मि. स्लोन के बाद मैकिनन आए। 1848 ई. में मि. ई. स्टड मैनेजर बनकर ढ़ोली आए और उनके बाद 1851 में जेम्स कौक्स को ढ़ोली फैक्टरी का मैनेजर बनाया गया। जेम्स कौक्स ने इस फैक्टरी का काम 1861 ई. तक देखा। मि. ई. स्टड और जेम्स कौक्स के बीच कुछ दिनों के लिए मि. जॉन स्टेस इस फैक्टरी के मैनेजर बनाए गए थे। जेम्स कौक्स के पश्चात् जॉर्ज टूमी, ए.एस. ट्वीड, ई.जे.सी. स्टेड, एच. स्प्राई और पुनः ई.जे. सी. स्टेड मैनेजर बने। अभी वर्तमान में ई.जे.सी. स्टड के पुत्र ई. स्टड ढ़ोली फैक्टरी के मैनेजर हैं।

1854 ई. में कलकत्ता के मि. रिचर्ड से ढ़ोली फैक्टरी की एक हिस्सेदारी एडवर्ड स्टड ने खरीद ली।

जैसा कि मैंने पूर्व में भी उल्लेख किया है, बीबी होपकिंस पूसा

के कैप्टन होपकिंस की पत्नी थीं। उन्होंने अपने पति से झगड़ा कर उन्हें छोड़ दिया था। पति की मृत्यु के बाद उन्होंने कैप्टन स्लोन के साथ विवाह कर लिया। ढ़ोली के निकट पुराने कब्रगाह के पत्थरों पर अंकित बातें इस प्रकार हैं, हालाँकि बहुत से पत्थर गंडक नदी के कटाव से प्रभावित भी हुए हैं—

(i) मिसेज एनी स्लोन की पवित्र स्मृति में : जिनकी मृत्यु 7 नवंबर, 1862 में 56 वर्ष की आयु में हुई थी।

(ii) चार्ल्स और हेनरिटा मैकिनन के प्यारे पुत्र चार्ल्स लचलीन करी की पवित्र स्मृति में : उनका जन्म 18 जनवरी, 1837 और मृत्यु 3 नवंबर, 1838 को हुई थी।

(iii) थॉमस इनसुंडा वूड की द्वितीय सुपुत्री हैरियट अगस्टा की पुण्य स्मृति में : उनका जन्म 24 जुलाई, 1824 को हुआ था तथा मृत्यु 2 अप्रैल, 1831 को हुई थी।

(iv) राबर्ट विलियम मार्गन की पुण्य स्मृति में : जिन्होंने 65 वर्ष की आयु में 10 दिसंबर, 1836 ई. को संसार छोड़ा।

दलसिंहसराय अथवा केवटा
(Dulsing serai keota)

1794 ई. में दलसिंहसराय फैक्टरी की स्थापना मि. टियर या फियर के द्वारा की गई। यहाँ का मुकर्ररी दस्तावेज उनके नाम पर धनेश्वर चौधरी द्वारा दिया गया। इस मुकर्ररी दस्तावेज पर हस्ताक्षर करनेवालों में धनेश्वर चौधरी के अलावा महंत आलोक राम, अजब सिंह चौधरी, खुशी चौधरी एवं अन्य हैं।

1802 ई. में मि. जॉनसन, 1810 में मार्गन और उसके बाद विलियम शेरमैन ने इस फैक्टरी में बतौर मैनेजर काम किया। 1837 ई. में थॉमस

के. मैकलियोड इसके अधीक्षक बने और 1851 ई. में थॉमस मार्टिन को दलसिंहसराय फैक्टरी का मैनेजर बनाया गया। उनके बाद दलसिंहसराय फैक्टरी में काम करनेवाले मैनेजर क्रमशः इस प्रकार हुए—1856 ई. में डब्ल्यू.एम. स्टीवर्ट, 1862 ई. में सी. पैटर्नसन, 1864 ई. में सी. मैकडोनाल्ड, 1863 ई. में के. मैकाईवर, 1866 ई. में एच. स्पेनसर, 1870 ई. में ई. डगलिश, 1881 ई. में ई.एफ. मे, 1882 ई. में आर. ब्लूमफील्ड, 1885 ई. में ई. डगलिश, 1894 ई. में बी. कवेंट्री, उसके बाद 1903 ई. में एफ. कवेंट्री जिनके छुट्टियों में घर जाने के कारण वर्तमान में सी.डब्ल्यू. स्पेनसर को मैनेजर बनाया गया है।

1847–48 ई. के लगभग आम नीलामी कर फैक्टरी को बेच दिया गया। जॉन बेचर ने कुछ सौ रुपए में इसे खरीदा। लेकिन वे फैक्टरी की कुल कीमत अदा नहीं कर सके, क्योंकि रुपए का इंतजाम करने जब वे तिरहुत जा रहे थे तो रास्ते में शाहपुर उंडी में उनकी मृत्यु हो गई। इसे पुनः 1851 में नीलामी के लिए रखा गया। इसे कलकत्ता के सोलिसिटर्स डब्ल्यू. एंड हेनरी पो बंधुओं द्वारा खरीदा गया। उन्होंने इस फैक्टरी को के. मैकलियोड की निगरानी में दे दिया। के. मैकलियोड ने इस फैक्टरी का मैनेजर थॉमस मार्टिन को बनाया जिनके प्रबंधन काल में इस फैक्टरी ने बहुत प्रगति की। कुछ वर्षों बाद इसे बडली तथा स्ट्राचन और एफ. एच हुले ने खरीद लिया। वर्तमान में इस फैक्टरी के मालिक हैं—ई.टी. हैरिगटन, एच. स्पेनसर की कंपनी, सी. स्ट्रचन की कंपनी, एफ.एच हुले, ई. डगलिश, बी. कमेंट्री तथा ई.एम. कवेंट्री।

इसी क्षेत्र में पेमबरडाह का निर्माण 1837 ई. में थॉमसन ने किया जिसके मुकर्ररी दस्तावेज पर बाबू मूरत नारायण सिंह के हस्ताक्षर हैं; चतरा का निर्माण डब्ल्यू. एम. स्टीवर्ट ने 1858 ई. में किया जिसके मुकर्ररी दस्तावेज पर बाबू परमेश्वरी प्रसाद नारायण सिंह के हस्ताक्षर हैं; तबका फैक्टरी की स्थापना के. मैकाइवर ने 1866 ई. में की जिसका

मुकर्ररी परमेश्वरी एवं जगदीप सिंह ने दिया। गोविंदपुर फैक्टरी की स्थापना डगलिश ने 1875 ई. में की। इसका मुकर्ररी परमेश्वरी सिंह और राजकुमार मुखर्जी एवं अन्य द्वारा दिया गया। शाहपुर में फैक्टरी की स्थापना डगलिश द्वारा 1879 ई. में की गई। इसके मुकर्ररी दस्तावेज पर गुर प्रसाद सिंह एवं अन्य के हस्ताक्षर हैं।

1895 ई. में कमला फैक्टरी की स्थापना बी. कवेंट्री ने की। यहाँ पर एक ही पुरानी कब्र है जो मि. थॉमसन की बेटी की स्मृति में है, जिसकी मृत्यु 1837 ई. में हुई थी। कुछ कब्र नई हैं, जो बच्चों की हैं। 1900 ई. में डब्ल्यू.बी. कार्सहोर की मृत्यु हो गई जिन्हें दलसिंहसराय में ही दफनाया गया।

1898 ई. में नील के बाजार में सिंथेटिक रंग के कारण मंदी आने के बाद मि. बी. कवेंट्री ने खाद का प्रयोग कर कृषि करना प्रारंभ कर दिया। उनके इस प्रयोगात्मक कार्य की सरकार ने सराहना करते हुए उन्हें पूसा कृषि कॉलेज की प्रबंधन समिति में नियुक्त कर दिया। इस कॉलेज की आधारशिला वर्तमान वायसराय लॉर्ड कर्जन ने 1905 में रखी थी। मि. कवेंट्री ने मेसर्स बेग, डनलप एंड कंपनी की सहायता से मि. ई.ए. हेन्कौक को केमिस्ट नियुक्त किया और मि. बेली को जावा के नील उद्योग के अध्ययन के लिए जावा भेजा। मि. बेली कुछ समय जावा में रहने के बाद वापस लौट आए। वे वहाँ से (जावा से) नील के बीज एवं नील उत्पादन पद्धति अपने साथ लाए। नील उत्पादन में जावा की पद्धति का दलसिंहसराय क्षेत्र में प्रयोग किया गया, लेकिन वह सफल नहीं हो सका। जावा के नील पौधों की विशेषताओं को तो चिह्नित कर लिया गया, लेकिन जावा के नील बीज का अंकुरण एक कठिन कार्य था, क्योंकि इसके ऊपर का सोल बहुत ही मजबूत होता था। लेकिन 1903 ई. में मि. लीक ने इसके बाहरी आवरण को हटाकर बोया तो उसके परिणाम अच्छे आए। उसके बाद मि. वाटसन और मेसर्स आर्थर

बटलर एंड कंपनी ने एक मशीन का आविष्कार किया जिससे नील के बीजों की क्षमता बढ़ गई।

गंगोली (Gangowlie)

गंगोली पूर्व में दौलतपुर क्षेत्र का एक हिस्सा था। इसका मुकर्ररी पट्टा 15 नंबर 1860 को बाबू परमेश्वर प्रसाद नारायण सिंह, जो नरहन के थे, ने डब्ल्यू.सी. वडले के नाम किया था। इसके अंतर्गत आलमपुर क्षेत्र था जिसका मुकर्ररी पट्टा 1874 में सी.एम. मैकडोनाल्ड को दिया गया था। इ.जी. स्टोनवीग ने इन फैक्टरियों को दिसंबर 1891 ई. में खरीद लिया। उन्होंने इसे सी.एम. मैकडोनाल्ड के प्रबंधक डब्ल्यू.डी. कीलवर्न और सी.टी. रॉबर्टसन से खरीदा। गंगोली फैक्टरी की स्थापना सी.एम. मैकडोनाल्ड ने उस समय की जब वे मेघौल में एक असिस्टेंट के रूप में कार्य कर रहे थे और एफ.एच. डुले दौलतपुर की फैक्टरी की स्थापना के लिए शिलान्यास जेम्स क्राउडी ने किया और के. मैकाइवर ने भवन निर्माण का काम पूरा किया। फैक्टरी की स्थापना 1874 ई. में हुई। इन फैक्टरियों की बिक्री से पूर्व इसमें अनेक लोगों ने असिस्टेंट के तौर पर काम किया। इन फैक्टरियों की खरीद ई.जी. स्टोनवेग, आर क्रुकशांक, ब्राउइंग (जिनकी मृत्यु टाइफाइड के कारण मुजफ्फरपुर में ही गई), एम. हेलीडे, क्रिचटेन और अन्य लोगों के द्वारा क्रमशः की गई। कालांतर में गंगोली की फैक्टरी को दौलतपुर से अलग कर दिया गया और फरहर मैकनिनन इसके प्रभारी बनाए गए। उन्होंने ही वहाँ बँगले का निर्माण कराया। बँगला बनने से पूर्व वहाँ एक टट्टी का घर हुआ करता था। आर. क्रुकशांक को गंगोली से आलमपुर भेजा गया, उनके बाद वहाँ रॉबर्टसन गए। आलमपुर की फैक्टरी बनने से पूर्व वहाँ के इर्द-गिर्द उत्पादित नील को नावों से बूढ़ी गंडक नदी पार कराकर दौलतपुर फैक्टरी में भेजा

जाता था। मि. ई.जी. स्टोनवेग वर्तमान (1905) में अपनी ही फैक्टरी के मैनेजर हैं। 1907 में सेवामुक्त होकर उन्होंने डब्ल्यू.एम. विपन को अपना प्रभार दे दिया और अपने घर चले गए।

होतवारी (Hottowaree)

होतवारी फैक्टरी की स्थापना जॉन एंडरसन ने की, लेकिन स्थापना के वर्ष की जानकारी उपलब्ध नहीं है। यहाँ के स्थानीय निवासियों ने बताया कि एक बार एंडरसन अपने साथ नील से भरे बक्से ले गए और उन्हें उन्होंने नावों के द्वारा कलकत्ता भेजा। ये नाव गंगा नदी के जलमार्ग से कलकत्ता के लिए चलती थीं। उस वक्त उनके साथ उनका चपरासी भी था जिसका नाम सनफूल राय था। होतवारी अभी जहाँ पर अवस्थित है, वहाँ से जब एंडरसन गुजर रहे थे तो उन्होंने सनफूल राय से पूछा कि यह जमीन किसकी है, चपरासी ने बताया कि जमीन फकीरना की है। सनफूल राय का भी घर वहीं पास में कोरलहया घाट था। एंडरसन ने सनफूल राय के माध्यम से फकीरना की जमीन अपने लिए हासिल की। यहीं से सनफूल राय के भाग्य का भी उदय हो जाता है। वे उस क्षेत्र के एक बड़े जमींदार बन गए। उनकी मृत्यु वर्षों पूर्व हो गई और अब उनके पोते चुनैत राय जमींदारी सँभाल रहे हैं। 1847 ई. में जॉन एंडरसन के होतवारी छोड़ने के बाद इसे आर. टेलर ने खरीद लिया। इस क्षेत्र में दो और फैक्टरियों का निर्माण किया गया, लेकिन इनका निर्माण किसने किया, इसकी जानकारी उपलब्ध नहीं है। आर. टेलर की मृत्यु के उपरांत फैक्टरी की बिक्री हो गई, लेकिन इसका रिकॉर्ड नहीं है कि किसने खरीदी। चार्ल्स ओमन ने इसे 1858 ई. में खरीदा और 1864 ई. में बेच दिया। उसके बाद इस फैक्टरी को टॉम पो (हैरिंगटन) ने खरीदा और अंततः इस फैक्टरी की बागडोर मेसर्स ई. डगलिश और एच. स्पेनसर के

हाथों आई। इसी क्षेत्र के बगहनी में एक फैक्टरी की स्थापना 1862-64 में की गई। मुझे प्रतीत होता है कि बगहनी को भी बेच दिया गया था, लेकिन मैं इस संबंध में निश्चित रूप से कुछ कह नहीं सकता। बगहनी, होतवारी के पूर्व में करई नदी के पार है।

हरसिंगपुर (Hursingpore)

बोवाराह फैक्टरी मूल रूप से प्रधान फैक्टरी थी जिसका मुकर्ररी दस्तावेज 1793 ई. का है। मुकर्ररी दस्तावेज बताता है कि यह दो साहेबों को दिया गया था। इन साहेबों के नाम को जहाँ तक मैं पढ़ पाया हूँ, उसके अनुसार रीच और शुभ हैं। हरसिंगपुर फैक्टरी का निर्माण 1844 ई. में हुआ था। इसका मुकर्ररी दस्तावेज मि. जॉनसन के नाम है। पचास के दशक के प्रारंभ में इस फैक्टरी को सी. स्ट्रचन ने खरीद लिया और इसे प्रधान फैक्टरी बना दिया। वर्तमान के बँगले के बरामदे की छत पर गौरैया के शिकार करने के क्रम में बँगले में आग लग गई। स्ट्रचन को पुनः बँगले को बनवाना पड़ा। उन्होंने इस क्षेत्र के अंतर्गत रहीमाबाद में भी एक फैक्टरी की स्थापना की। 1864 ई. में जे.एस. स्मिथ ने बुलमपुर में एक फैक्टरी की स्थापना की। बोवाराह की फैक्टरी को हंटर के गजेटियर में तिरहुत की सबसे पुरानी नील की फैक्टरी के रूप में उल्लेखित किया गया है। बोवाराह से तीन मील की दूरी पर नून या बुलन नदी के किनारे नील फैक्टरी का एक छोटा-सा अवशेष मिला है। कौतूहल का विषय कि यह फैक्टरी दो नदियों की धार के बीच बने टापू में अवस्थित थी। अभी भी वहाँ मैट्स, परसियन व्हील और प्रेस हाउस के अवशेषों को देखा जा सकता है। परंपरा से ज्ञात होता है कि इस फैक्टरी की स्थापना किसी फ्रेंच द्वारा की गई थी जिन्होंने बाद में इस स्थान को अशुभ मानते हुए इसे छोड़ दिया। एक व्यक्ति ने यहाँ आत्महत्या कर ली थी जबकि दूसरे की मृत्यु हैजे के कारण हो गई। हरसिंगपुर की फैक्टरी को जब से प्रधान फैक्टरी

बनाया गया, उसके बाद से फैक्टरी में काम करनेवाले मैनेजरों के नाम इस प्रकार हैं—सी. स्ट्राचन, सी.वी. अर्गलेश, जेम्स ब्लूएट, ए. डगलीश, मैक्सवेल, स्मिथ, जे.एस. स्मिथ, ई. डलग्लेइस, जॉर्ज ब्लूमफील्ड एवं अन्य। इसके वर्तमान मैनेजर सी. मैक्के (1905 ई.) हैं। इसके मालिकों के नाम हैं—जे.एस. स्मिथ, एम. स्मिथ, डब्ल्यू. क्राउडी एवं एफ.एच. हावले। जिले के दक्षिण-पूर्व में इस फैक्टरी के एक पुराने नौकर से प्रयास कर थोड़ी-थोड़ी करके सूचनाएँ एकत्र की थीं। इसकी तिथि के संबंध में थोड़ी बहुत भूल हो सकती है, जो संभावित भी है।

नून नदी के उत्तरी किनारे पर 1728 ई. (1175 फजली) में एक फैक्टरी की स्थापना की थी जिसका नाम डोगराह (पुराना बोवाराह) था। उन्होंने इस फैक्टरी को 1175 से 1187 फजली तक 13 वर्षों तक चलाया, लेकिन कुछ अंधविश्वासों के कारण उन्होंने डोगराह की फैक्टरी को 1188 फजली में बोवाराह स्थानांतरित कर दिया। मि. जॉन पेलर ने बोवाराह फैक्टरी को बनवाया और यहाँ पर इस फैक्टरी के लिए अगले कुछ वर्षों तक काम किया। उनके जाने के पश्चात् मि. हैमिल्टन ने इसका प्रभार सँभाला और कुछ वर्षों तक यहाँ काम करते रहे। उनके बाद जॉन हील आए जिनके बाद मि. मैक्के ने फैक्टरी का उत्तरदायित्व सँभाला। उनके बाद मि. ओगील्वी ने फैक्टरी के प्रबंधन का कार्य सँभाला। उन्होंने फैक्टरी का प्रबंधन पाँच वर्षों तक किया तथा 16 मई, 1836 को उनकी मृत्यु हो गई। बोवाराह के गार्डन में उन्हें दफनाया गया।

उनकी मृत्यु के पश्चात् तीन वर्षों तक फैक्टरी में कोई यूरोपियन मैनेजर नहीं आया। इस फैक्टरी के लिए जिन गाँवों को लीज पर लिया गया था, उनकी अवधि समाप्त हो रही थी, मुकर्ररी द्वारा प्राप्त स्वामित्व बचा हुआ था। 1839 ई. में हालकरी के मि. मिचेल (जॉन मिचेल) ने हरसिंगपुर के साथ ही इस फैक्टरी को खरीद लिया। उन्होंने इसे मि. ओग्लिवी के वंशजों से 32,000 रुपए में खरीदा। छह महीने के बाद

उन्होंने बोवाराह और हरसिंगपुर की फैक्टरी मि. सी. स्ट्राचन के हाथों 40,000 रुपए में बेच दी। मि. सी. स्ट्राचन, जो शाहपुर मिरचा की फैक्टरी का प्रबंध देखते थे, उन्होंने हरसिंगपुर को प्रधान फैक्टरी बना दिया और बोवाराह को इसके अधीन रख दिया।

स्ट्राचन ने इस फैक्टरी के मैनेजर के रूप में अगले कुछ वर्षों तक काम किया और उसके बाद इसका प्रभार सी.वी. अर्ग्लेस को सौंप दिया। अर्ग्लेस के बाद ए. इगलीस आदि लोग इस फैक्टरी के मैनेजर बने।

इलमास नगर (Illmasnuggur)

यह फैक्टरी मूल रूप से जीतवारपुर फैक्टरी के अधीन हुआ करती थी। इसका मुकर्ररी पट्टा केवल दूबे ने जॉन मैकेंजी के नाम 1851 ई. में लिखा था। इस फैक्टरी की स्थापना 1852 ई. में जॉन. एफ. मैकेंजी (जो जॉन मैकेंजी के पुत्र थे) ने की थी। 1877 ई. में जीतवारपुर व्यावसायिक संगठन को बाँटकर इलमास नगर को प्रधान फैक्टरी बनाया गया। यह फैक्टरी डब्ल्यू. मैकेंजी के हिस्से आई जिन्होंने 1884 ई. में इसे मेसर्स ई.एस. लीव्हेलीन, एम.एन. मैकलियोड, और एच. मैनर्स के हाथों बेच दिया। इलमास नगर की एक सहयोगी फैक्टरी मसीना थी जिसे 1888 में एच. मैनर्स ने बनाया था। ई.एस. लीव्हेलीन की मृत्यु के बाद सितंबर 1899 में उनकी हिस्सेदारी मैसर्स एम.एन. मैकलियोड और एच. मैनर्स ने खरीद ली।

वर्तमान में इसके मैनेजर मि. एच. मैनर्स हैं।

झपहा (Japaha)

झपहा फैक्टरी की स्थापना 1841 ई. में जॉन बेचर ने की। यह जमलाबाद तालुका में अवस्थित है जिसका मुकर्ररी पट्टा वर्तमान मालिक

के पिता ने बेचर के नाम किया था। इस फैक्टरी के निर्माण के कारण जॉन बेचर और डेविड क्राफोर्ड के मध्य गहरा विवाद हो गया। डेविड क्राफोर्ड काँटी फैक्टरी का काम सँभालते थे, जिनके प्रबंध क्षेत्र के देहातों को दखल कर लिया गया था। स्थिति बद से बदतर होती गई। डेविड क्राफोर्ड ने बेचर को एक सड़ा आलू बोल दिया। इसके बाद बेचर ने क्राफोर्ड को 'आउट' कह दिया। इन सबके बावजूद बेचर का अपनी फैक्टरी पर स्वामित्व बना रहा। बेचर की मृत्यु 1847-48 ई. में हो गई। उनकी मृत्यु के बाद फैक्टरी का स्वामित्व मेसर्स मैक कीलोप स्टीवर्ट एंड कंपनी के हाथों आ गया। झपहा प्रतिष्ठान के साथ मुजफ्फरपुर के निकट ब्रह्मपुरा में अवस्थित साल्टपीटर फैक्टरी से संबद्ध था। जॉन बेचर की मृत्यु के बाद इसे जॉन स्टालकार्ट ने सँभाला और उनके बाद कुछ अन्य लोगों ने। जब इस फैक्टरी के मैनेजर मि. शार्पली बने तो इसे जॉन एफ. मैकेंजी के हाथों बेच दिया गया। उन्होंने ब्रह्मपुरा बँगला जॉन मार्टीन बेचर के हाथों बेच दिया क्योंकि बँगले के आसपास जो नील के खेत थे, साल्टपीटर के लिए फायदेमंद नहीं थे। मि. जे.एफ. मैकेंजी ने झपहा की फैक्टरी 1872 ई. के आसपास मिसेज बेग के हाथों बेच दी। मिसेज बेग की मृत्यु के पाश्चात् मेसर्स एच. हडसन, ई. हडसन, जी. रिचर्डसन ने भीखनपुर के भाग के रूप में झपहा की फैक्टरी खरीदी। अभी वर्तमान में मि. जी. रिचर्डसन इसके मैनेजर हैं। 1906 ई. में झपहा गाँव में एक चीनी मिल शुरू हुई जो अभी भी बहुत अच्छे ढंग से चल रही है और अच्छी किस्म की चीनी का उत्पादन कर रही है। इसके मालिक ऊपर लिखित लोग ही हैं।

जैतपुर (Jaintpore)

इसे एच.ई. एबौट ने 1872-73 ई. में बनाया। इसे दुरिया, सोरियाह, मोतीपुर, काँटी और दाउदपुर फैक्टरी के दावेवाले देहात में बनाया गया।

स्व. महंत राजाराम दास के पास अकूत जमीन थी जिसके अंतर्गत अनेक गाँव अवस्थित थे। वे एक बेहद शक्तिशाली व्यक्ति थे। आसपास की फैक्टरी उनके रहमोकरम पर आश्रित थी। जैतपुर की फैक्टरी एक स्थापित फैक्टरी 1873 ई. में बन गई। इनकी संबद्ध फैक्टरियों टिकहा, नरगी, पकरी और गोड़ई का निर्माण क्रमश: 1875-76, 1880 और 1884 में हुआ। मुकर्ररी दस्तावेज एच.ई. एबौट के नाम का है जिन्होंने महंत के लिए काम करते हुए इन सभी फैक्टरियों की स्थापना की। महंत राजाराम की मृत्यु के पश्चात् उनके भाई महंत रघुनाथ दास मालिक बने और मि. एच.ई. एबौट ने बतौर मैनेजर अपना काम जारी रखा। महंत रघुनाथ दास का एस्टेट ऋण की समस्याओं से घिरने लगा और अपने व्यापार के लिए उसे कोष की कमी होने लगी। महंत रघुनाथ दास ने समस्याओं से निपटने के लिए प्रबंधन में बदलाव किया और मि. एम.जे. विल्सन को व्यापार का प्रभार सौंप दिया। उनके अधीन मि. डब्ल्यू. विपन को मैनेजर नियुक्त किया गया। मेसर्स बेग डनलप एंड कंपनी की ओर से एक डिवेंचर ऋण मुहैया कराया गया जिससे कंपनी का एवं महंत के सभी व्यक्तिगत ऋणों को चुकता किया गया। मि. एच.ई. एबौट को पुन: महंत के इस्टेट और जैतपुर फैक्टरी का मैनेजर बनाया गया जबकि मेसर्स बेग डनलप एंड कंपनी की ओर से टिकहा, पकड़ी और गोड़ई के प्रबंधन का भार मि. हग अरक्वाहर्ट को दिया गया।

जीतवारपुर एच. एंड एस.
(Jeetwarpore H & S)

इस फैक्टरी की स्थापना 1203 फजली (जो 1795-96 ई. था) में नोएल एंड कंपनी के द्वारा की गई। जब फैक्टरी की स्थापना हुई, उस समय मि. जॉनसन इसके मैनेजर थे। जीतवारपुर का मुकर्ररी पट्टा 5 दिसंबर, 1795 ई. का है जिसे बाबू गुजराल सिंह और गणेश दत्त सिंह

ने मि. जॉनसन के पक्ष में लिखा था। मि. जॉनसन के बाद मि. हेरिंग्टन को 1810 ई. में मैनेजर बनाया गया। उनके बाद मि. डब्ल्यू. शेरमैन को मैनेजर बनाया गया जिन्होंने 40 वर्षों तक काम किया। शेरमैन के बाद 1848 ई. में जॉन मैकेंजी मैनेजर बनाए गए। एच और एस का जो मार्क है, वह यह दरशाता है कि सर जेम्स वेर हौग, जो माननीय ईस्ट इंडिया कंपनी के थे, कभी इसके मालिक रहे होंगे। जीतवारपुर फैक्टरी के गार्डन में दो कब्र हैं—एक थॉमस शेरमैन की जिनकी मृत्यु 24 वर्ष की आयु में 20 सितंबर, 1844 को हो गई थी। दूसरी कब्र विलियम बैम्पटन शेरमैन की है जिनकी मृत्यु 31 वर्ष की आयु में 16 जुलाई, 1848 ई. को हुई थी। इस प्रतिष्ठान को जॉन मैकेंजी और जॉन बेकवीथ ने 1848 ई. में खरीद लिया। जॉन मैकेंजी ने इस फैक्टरी में अपनी हिस्सेदारी का 8 आना हिस्सा अपने पुत्र जॉन एफ. मैकेंजी और दामाद एम.जे. विल्सन को 1856-57 ई. में बेच दिया। इस फैक्टरी की देखरेख का जिम्मा पहले जे.एफ. मैकेंजी के पास था, उसके बाद इसकी जिम्मेदारी 18 57-58 में एम. जे. विल्सन ने सँभाली। एम.जे. विल्सन ने मि. जे.एफ. मैकेंजी के चार आने की हिस्सेदारी खरीद ली। साथ-ही-साथ उन्होंने मि. डब्ल्यू.एम. स्टीवर्ट एवं मि. जॉन बेकवीथ की आठ आने की भी हिस्सेदारी खरीद ली। 1866 ई. में आगरा बैंक के असफल होने के बाद मि. जॉन एफ. मैकेंजी ने अपने भाइयों के साथ मिलकर इस प्रतिष्ठान की हिस्सेदारी का सोलह आना हिस्सा खरीद लिया। लगभग 1884 ई. में इसे सर डब्ल्यू.बी. हडसन, टी. लैंब, मि. ए. मैकाइवर तथा अन्य लोगों ने खरीद लिया। मि. ए. मैकाइवर ने इसके प्रबंधन के कार्य का जिम्मा अपने ऊपर ले लिया।

मि. शेरमैन के कार्यकाल के समय की एक अच्छी कहानी है। फैक्टरी को पैसों की तंगी थी और खेत जोतनेवालों का फैक्टरी पर बकाया था। कर्नल आपरले, जो पूसा के स्टड के प्रभारी थे, शेरमैन से मिलने

आए। उनके सम्मान में एक भोज का आयोजन किया गया। लेकिन जैसे ही रात का खाना लगाने का आदेश हुआ, जोतनेवाले मजदूर रसोईघर और मेहमान के भोजन करने के स्थान के बीच में शृंखला बनाकर खड़े हो गए। उन लोगों ने घोषणा कर दी कि जब तक उनके बकाए में से भुगतान नहीं किया जाता तब तक वे खाना लगाने नहीं देंगे। धमकी और वादे का उन पर कोई प्रभाव नहीं पड़ा। उन लोगों की माँग थी कि नगदी लिये बिना नहीं हटेंगे और उस समय मि. शेरमैन के पास नगदी बिल्कुल भी नहीं थी। सौभाग्यवश अपरले के पास कुछ नगदी थी, उसे उन्होंने उन मजदूरों के बीच बाँटा तब वे मजदूर वहाँ से हटे एवं भोज आरंभ हो सका। कर्नल अपरले ने यह कहानी स्वयं मुझे सुनाई और इस कहानी को सुनाते समय वे हँस भी रहे थे।

मि. मैकाइवर 1905 ई. में सेवानिवृत्त हो गए और वर्तमान में मि. डरराइमप्ल हे इसके मैनेजर हैं। जीतवारपुर फैक्टरी से संबद्ध हुसआली 1857 ई. में स्थापित की गई जबकि दुधपुरा फैक्टरी की स्थापना कई वर्षों के बाद की गई। रेवड़ी फैक्टरी की स्थापना मोहम्मद बाकर खान ने 1856 ई. में की। उनकी पत्नी शुसमात अशरफ अलनिशा ने इसे यूसुफ अर्टीन बे के हाथों बेच दिया। इसके बाद फैक्टरी को मेसर्स ई. एस. लीव्हेलीन और एम. एन. मैकलियोड ने खरीद लिया। अभी वर्तमान में इस जगह के स्वामी मिसेज ई. लीव्हेलीन हैं। रेवड़ी जीतवारपुर देहात की एक फैक्टरी थी जिसके प्रबंधन का जिम्मा एक. एच. मैकेंजी के हाथ में था।

केवन या बचौर
(Kewan or Bachour)

केवन या बचौर फैक्टरी 1847 ई. में पंडौल फैक्टरी का एक व्यावसायिक संगठन था। लेकिन मुझे ऐसा लगता है कि कुछ वर्षों पूर्व

से केवन फैक्टरी एक स्वतंत्र इकाई के रूप में काम कर रही थी। इसका मुकर्ररी पट्टा 1199 फजली का है जिसे मि. वाट के नाम किया गया था। इसकी सहयोगी फैक्टरी भकवा का मुकर्ररी दस्तावेज 1230 फजली का है, जो मि. ब्राउन के नाम किया गया था। केवन को पंडौल प्रबंधन के अंतर्गत रहने की मैंने जो बात की है, उसके पीछे कारण हैं। मैं फ्रांसीस एच. मैकेंजी को जानता हूँ, जो मि. जॉन मैकेंजी के भाई थे। वे अपने भाई मि. जॉन के अधीन असिस्टेंट का काम करते थे। मैंने उनकी कब्र के पत्थर पर यह देखा कि उनकी मृत्यु 1830 ई. में हुई। जब मैं 1847-48 ई. में केवन या बचौर पहली बार गया था तो उस समय मि. हबर्ड वहाँ जॉन गेल के अधीन सब मैनेजर थे। उन्होंने 1848-49 ई. में जगह छोड़ दी और मेरी जानकारी के अनुसार वे चीन चले गए। उसके बाद से उनके संबंध में मुझे कोई जानकारी नहीं मिल पाई है। केवन में कुछ समय के लिए चीनी का काम भी किया गया। यह नेपाल की सीमा से सटकर अवस्थित है और यहाँ से बरामदे में बैठकर तराई तथा हिमालय के निचले भाग को देखना अत्युत्तम लगता है। यह फैक्टरी एवं इसके चारों तरफ का क्षेत्र किसी समय जानवरों के प्रजनन के लिए उपयुक्त माना जाता था। रिपोर्ट में ऐसा पाया गया कि एक पुराने मैनेजर के पास आयातित पशु था और उसी से यहाँ के गाय और बैलों की किस्म में सुधार हो पाया। केवन में फैक्टरी के निकट चार कब्र हैं जिन पर बाँस की छावनी लगी हुई है। दो कब्रों पर कुछ भी अंकित नहीं है जबकि दो पर अंकित जानकारियाँ इस प्रकार हैं—

फ्रांसिस हम्बरस्टन मैकेंजी की पुण्य स्मृति में—जो गालसन, उत्तरी ब्रिटेन के जॉन मैकेंजी सीनियर के तीसरे पुत्र थे। उनकी मृत्यु 21 वर्ष की आयु में 16 सितंबर, 1830 ई. को हुई।

यहाँ केनेडी हग्गिंस के अवशेष हैं जिन्होंने 5 फरवरी, 1836 ई. को संसार को अलविदा कहा। उनकी आयु लगभग 58 वर्ष की थी।

मैं अपनी स्मृति के आधार पर कुछ लिख रहा हूँ एवं मुझे विश्वास है कि मेरी स्मृति सही है। लेविस कोजेरैट के बाद हबर्ड सब मैनेजर बनाए गए, लेकिन इसका कोई भी रिकॉर्ड उपलब्ध नहीं है। कुछ वर्षों पूर्व केवन या बचौर दरभंगा के महाराजा के स्वामित्व में आया जिन्होंने इसे जी.एन. वाइण्ट से खरीद लिया। इस फैक्टरी के वर्तमान मैनेजर मि. आर.डब्ल्यू. रायड्स विर्च हैं। दरभंगा के महाराजा ने केवन या बचौर के निकट राजनगर में एक सुंदर महल बनवाया है।

खान मिर्जापुर (Khan Mirzapore R.C)

खान मिर्जापुर जिसे मउ (Mhow) भी कहा जाता था, वहाँ पर मूलतः एक साल्टपीटर की फैक्टरी थी जो जेम्स विल्सन के स्वामित्व में थी। 1851-52 ई. में कलकत्ता की अमेरिकन फर्म मेसर्स फोस्टर, रोजर्स एंड कंपनी के साथ एक बड़ा फौजदारी मुकदमा हुआ जिसने मउ की साल्टपीटर फैक्टरी पर अपना दावा किया था। टी. मार्टीन ने अपने सहायक एफ. वीनग्रोम के साथ वहाँ के गोदामों पर कब्जा कर लिया और विल्सन एवं उनके लोगों पर अपने लठैतों से हमला करवाकर उन्हें बुरी तरह घायल कर दिया। मैं इस मुकदमे के परिणाम को याद नहीं कर पा रहा हूँ। इस मुकदमे की सुनवाई एक मजिस्ट्रेट के द्वारा की गई जिन्हें स्थानीय निवासियों ने शामिल मिशाल उपनाम दे रखा था। उस मजिस्ट्रेट का प्रत्येक आदेश शामिल मिशाल अर्थात् प्लेस वीथ रिकॉर्ड होता था। मि. विल्सन ने मउ के निकट एक गाँव में एक छोटा मुकर्ररी लिया और वहाँ उन्होंने दो मैट (रंग बनाने के बड़े-बड़े कंटेनर) लगवाए। वहाँ जो कुछ बीघे में वे नील का उत्पादन करते थे, उसका निर्माण वे यहीं करने लगे। वर्तमान में खान मिर्जापुर की जो फैक्टरी है, वह मउ साल्टपीटर की फैक्टरी से कुछ दूरी पर अवस्थित है। यह फैक्टरी गंगा नदी के तट

के बिल्कुल नजदीक है, और गंगा नदी यहाँ पर हमेशा गतिमान रहती है। मैकनाटन और ओलफट्र्स के द्वारा निर्मित बेहरी की फैक्टरी गंगा नदी के कटाव से 1891 ई. में नष्ट हो गई। फ्लेमेल द्वारा निर्मित एक दूसरी फैक्टरी 1899 ई. में बंद हो गई। इसी ग्रुप की बेगम सराय की मूल फैक्टरी गंगा नदी के कटाव में बह गई जिसका निर्माण डब्ल्यू.एम. स्टीवर्ट ने 1864-65 ई. में किया था। मेरी जानकारी के अनुसार वर्तमान की बेगम सराय फैक्टरी का निर्माण ई. मैकनाटेन ने किया था। मेसर्स ग्लिनडर्स अरबटनाट एंड कंपनी ने इसके प्रबंधन का जिम्मा मि. डी. मैकलियोड को दिया था। ऐसी सूचना है कि इस फैक्टरी के मालिक इस जगह पर और आगे रहना नहीं चाहते थे, इस कारण डी. मैकलियोड ने फैक्टरी टुकड़े-टुकड़े में बेचनी शुरू कर दी। खान मिर्जापुर की फैक्टरी पर मि. एफ. राउलींस का स्वामित्व है और वे वहाँ काम करते हैं।

खोपी (Khopee BRKK)

खोपी की फैक्टरी की स्थापना जे.सी. मूईर ने 1865 ई. में की थी। यह शाहपुर उंडी और छितवारा देहात के मध्य अवस्थित है। इस स्थान का विकास मूईर के समय नहीं हो सका। इस संपत्ति के मालिक अंततः बाबू नंदन लाल बने।

करहरी (Kurhurri C.Mc.K.K.)

करहरी फैक्टरी की स्थापना 1859 ई. में जॉर्ज स्मिथ ने की थी। शाहपुर मिरचा की फैक्टरी की देखरेख जॉर्ज स्मिथ ही कर रहे थे। करहरी फैक्टरी में सब मैनेजर का दायित्व मि. ई.सी. लैंब ने 1863 ई. तक सँभाला, उनके बाद एफ. विल्किंसन आए। उसके बाद फैक्टरी मेसर्स डब्ल्यू. कैंपवेल एवं अन्य के हाथों बेच दी गई। इस फैक्टरी का स्वामित्व

अनेक हाथों में खरीद–बिक्री के जरिए आया और अंततः इसका स्वामित्व डब्ल्यू. कैंपवेल (आठ आने की हिस्सेदारी) और एम.एन. मैकलियोड तथा एफ. विल्किंसन (आठ आने की हिस्सेदारी) के हाथों में आ गया। कुछ वर्ष पूर्व मि. कैंपवेल की मृत्यु के उपरांत उनके पुत्र ने अपने पिता की हिस्सेदारी गिरवी रख दी। वर्तमान में इस फैक्टरी का मालिकाना हक एम.एन. मैकलियोड तथा एफ. विल्किंसन एस्टेट के पास है।

करनोल (Kurnowl)

करनोल फैक्टरी को स्थानीय निवासियों द्वारा साहेबगंज एवं परबलपट्टी का नाम दिया गया है। वहाँ एक बहुत पुराना बाजार लगता है। मैंने अपनी प्रस्तावना जिन रिकॉर्ड के आधार पर तैयार की है, उन रिकॉर्डों में इसकी अकसर चर्चा की गई है। साहेबगंज साल्टपीटर और अनाज की एक अच्छी मंडी थी, जहाँ से गंडक नदी के माध्यम से माल नाव द्वारा कलकत्ता भेजा जाता था। करनोल फैक्टरी की स्थापना 1803 ई. में मि. फिंच ने की थी। वे इस देश में 1778 ई. में आए थे और उन्होंने ही 1793 ई. में दुरीया फैक्टरी की स्थापना की थी। इसकी सहयोगी फैक्टरी मोनीन की स्थापना जॉन हावेल ने 1836 ई. में, ताजपुर फैक्टरी की स्थापना सी.गेल द्वारा 1862 ई. और गोअरा फैक्टरी की स्थापना 1884 ई. में जी. रॉबर्टसन ने की थी। करनोल की फैक्टरी मि. एफ. मूरे ने 1878 ई. में मि. एल. मैकडोनाल्ड से खरीदी थी। इसके पूर्व तक इसका प्रबंधन दुरीया फैक्टरी के अंतर्गत था। यहाँ पर वर्तमान में जो बँगला है, उसका निर्माण जॉन हावेल ने कराया था। मूल बँगला मैट के उत्तर में अवस्थित है जिसे अब अमला लोग अपने निवास और कचहरी के रूप में प्रयोग करते हैं। एफ. मूरे ने जब इसे खरीदा तो उन्होंने जी. रॉबर्टसन को अपना पार्टनर बना लिया। मि. एफ. मूरे अभी वर्तमान

(1905 ई.) में इसके मैनेजर हैं। यह कौतूहल का विषय है कि फैक्टरी में ए. जे. का मार्क है, (आर्थर जोन्स) लेकिन किसी को पता नहीं है कि आर्थर जोन्स का इस जगह से कैसा संबंध है। 30 दशक के प्रारंभ में मि. कौक्स करनोल का प्रबंधन देखा करते थे। उन्होंने मुझे जानकारी दी कि जॉन हावेल के पुत्र आर्थर हावेल ही आर्थर जोन्स के नाम से जाने जाते थे। 1846 ई. में कौक्स के बाद डांट इस फैक्टरी के मैनेजर बने। 1852–53 ई. में एम.जे. विल्सन डांट के स्थान पर मैनेजर बने। 1854 ई. में विल्सन की जगह ए. इंगलीस (A. Inglis) ने ली। अनेक लोगों के मैनेजर बनने के बाद एफ. मूरे करनोल फैक्टरी के मैनेजर हुए। अभी वर्तमान (1905 ई.) में एफ. मूरे ही फैक्टरी के मैनेजर हैं।

मी छपरा (Mea Chapra)

मी छपरा फैक्टरी की स्थापना सर डब्ल्यू. बी. हडसन और माननीय फ्रांसिस बींग द्वारा 1883 ई. में की गई। इन लोगों का बाबू गजराज सहाय से मतभेद हो गया जिसके कारण इन लोगों ने शाहपुर मिरचा के देहात में मुकर्ररी पट्टा लिया। इस फैक्टरी को रडस्टन ब्राउन ने खरीद लिया और मेरी जानकारी के अनुसार अभी वर्तमान में इस फैक्टरी के स्वामी रडस्टन ब्राउन के भाई एच. ब्राउन हैं। मि. एच.के. ग्रे. इस फैक्टरी के मैनेजर हैं जिनके पास फैक्टरी की हिस्सेदारी भी है।

मुक्तापुर (Moktapore H.&S. M.)

मुक्तापुर की एक फैक्टरी मूल रूप से जीतवारपुर फैक्टरी की एक संबद्ध फैक्टरी रही है। इस फैक्टरी के निर्माण से संबंधित अधिकतर कागजात जल चुके हैं। मैं समझता हूँ, मुक्तापुर फैक्टरी की स्थापना जीतवारपुर फैक्टरी की स्थापना के तुरंत बाद हुई होगी। 1877 ई. के

लगभग मेसर्स मैकेंजी ने इसे सी. वेब एवं अन्य के हाथों बेच दिया। इस फैक्टरी की एक संबद्ध इकाई चकमेसी (Chukmaisie) में थी, जिसकी स्थापना 1862 ई. के लगभग हुई थी। कालांतर में चकमेसी की फैक्टरी मुक्तापुर से अलग हो गई जिसे मि. राउलिंस (Rawlins) ने खरीद लिया। जीतवार फैक्टरी का स्वामित्व जब मि. शेरमैन (Sherman) के अधीन था, उस समय इसकी सहयोगी इकाई मुक्तापुर की फैक्टरी का प्रभार किसके जिम्मे था, इस विषय की जानकारी मुझे नहीं हो पाई है। लेकिन जीतवारपुर की फैक्टरी का स्वामित्व जब जॉन मैकेंजी के पास था तो मि. बी. एंडरसन मुक्तापुर में असिस्टेंट थे। वे एक शक्तिशाली स्कॉचमैन थे। वे स्थानीय निवासियों पर भी आघात करने से बाज नहीं आते थे। जब वे एंडरसन के आदेशों की अवहेलना करते तो एंडरसन उन्हें बर्फ पर लिटाकर पीटता था जिसके कारण स्थानीय निवासी उससे बहुत परेशान रहते थे। एक दिन एंडरसन कमतौल फैक्टरी की सहयोगी इकाई सेबनगर (Sebnugger) में घोड़े की सवारी कर रहा था तो उसकी क्रूरता का शिकार एक दर्जी ने उसकी आँख पर लाठी से प्रहार कर दिया। इसके कारण एंडरसन की एक आँख की रोशनी खत्म हो गई। इस घटना के पश्चात् एंडरसन में बदलाव आया और वह शांत हो गया। एंडरसन की मृत्यु 1857–58 ई. में मुजफ्फरपुर में हो गई। कल्याणपुर (Kalianpore) में आर्थर बटलर एंड कंपनी के द्वारा जिस सहयोगी फैक्टरी की स्थापना की गई थी, वह अभी भी मुक्तापुर के अधीन कार्य कर रही है। मुक्तापुर फैक्टरी के परिसर में एक कब्र का पत्थर है, जो मि. डब्ल्यू. फ्लेमिंग की कब्र पर लगा है। इस पत्थर पर 1836 ई. अंकित है। एक पुराने मालिक ने मि. सी.एच.डब्ल्यू. डब को बताया कि साहेब यहाँ अनेक वर्षों तक फैक्टरी के प्रभारी रहे। कब्र के पत्थर पर उनकी उम्र 40 वर्ष अंकित है, जो मालिक के बयान से मेल खाता है।

महवल (Mohwal)

महवल फैक्टरी, मोतीपुर देहात में अवस्थित है। इसे हाजी सैयद एम. तकी खान ने बनवाया था। इस गाँव पर उन्हीं का स्वामित्व था। जहाँ तक मुझे याद है, इस फैक्टरी की स्थापना उन्होंने मोतीपुर फैक्टरी के मालिकों की सहमति पर ही की थी। महवल की स्थापना की तिथि की सही जानकारी मुझे नहीं है, लेकिन मुझे लगता है कि इस फैक्टरी की स्थापना 1860 ई. के किसी समय में हुई होगी। एक छोटी फैक्टरी जो चौउरघट्टा (Chowrghatta) के नाम से जाना जाता है, का निर्माण स्व. नवाब एम. तकी खान के पुत्र अली नवाब ने करवाया था। इस फैक्टरी को इसकी स्थापना के तुरंत बाद ही बेच दिया गया और मुझे नहीं पता कि यह अभी अस्तित्व में है या बंद हो गया है। अभी वर्तमान में (1907 ई.) महवल में मि. टी. बारक्ले के अधीन असिस्टेंट के रूप में मि. डब्ल्यू. विल्सन काम कर रहे हैं।

मुनियारपुर (Muniarpore M.)

मुनियारपुर फैक्टरी की स्थापना मुजफ्फरपुर के बैंकर्स महतास ने दलसिंहसराय देहात में की। इसकी स्थापना का दलसिंहसराय के फैक्टरी संगठन ने विरोध किया था, लेकिन क्रमशः वे दोनों कुछ शर्तों के साथ राजी हो गए और दोनों फैक्टरियों के लिए सीमा तय कर दी गई। मुनियारपुर में नील का व्यवसाय किया जाता रहा था, लेकिन अब इसे कलकत्ता की एक फर्म को रुई का विकास करने को दे दिया गया है। मि. कोरीटन (Corriton) द्वारा इस फैक्टरी को रुई की फैक्टरी में कब परिवर्तित किया गया, उसकी तिथि की मुझे जानकारी नहीं हो सकी, लेकिन यह हाल में ही बना है। मि. फलेट (Follett) कलकत्ता की फर्म की तरफ से इस फैक्टरी के प्रबंधन का काम देख रहे हैं।

मंजोल एवं शेशवनी
(Munjoul & Sessowni F.H&Co.m F.H & Co. S)

मंजोल और शेशवनी के संस्थापक और इसके स्थापना काल की जानकारी मुझे नहीं हो पाई है। स्थानीय निवासी बताते हैं कि बँगले का निर्माण मि. मूरहेड ने किया था, लेकिन निर्माण की तिथि मुझे नहीं मिल पाई है। मि. पी. क्रम्प इस फैक्टरी के बतौर मालिक और मैनेजर बनकर 1847 ई. में आए और वहाँ अगले कुछ वर्षों तक रहे। उनके पुत्र पी. क्रम्प शेशवनी का कार्य देखते थे। इसकी सहयोगी इकाइयाँ विशुनपुर, बंदवर, गमरीया, सोउरी एवं वीरपुर में एफ. एच. हुले द्वारा स्थापित की गईं। इनकी स्थापना क्रमशः 1881-82, 1866, 1870 ई. एवं 1878 ई. में हुई। मंजोल में दो कब्र हैं—एक जेम्स थॉमसन की, जिनकी मृत्यु 27 सितंबर, 1843 ई. को 41 वर्ष की उम्र में हुई थी तथा दूसरी मिसेज एम.जे. स्मिथ की जिनकी मृत्यु 6 अगस्त, 1855 ई. को हुई थी। मिसेज एम.जे. स्मिथ, मि. पी. क्रम्प सीनियर की पुत्री थी जिनका विवाह मि. जे.एस. स्मिथ के साथ हुआ था। वीरपुर में मि. लिंडसे की स्मृति में एक कब्र है, जिनकी मृत्यु 1883 ई. में हुई थी। इस व्यावसायिक प्रतिष्ठान को 1862 ई. में मेसर्स बेडले, कौक्स और अन्य ने खरीदा और इन्होंने इस फैक्टरी को एफ.एच. हुले के हाथ बेच दिया। हुले ने इस फैक्टरी की कुछ हिस्सेदारी अपने पास रखी थी और वे ही इसके प्रबंधन का कार्य भी देखते थे। हुले के बाद इस फैक्टरी के प्रबंधन का जिम्मा मि. एल. क्राउडी ने सँभाला। उनके बाद उनके लोगों ने इसका प्रबंधन कार्य किया। मि. ई. डगलीश 1905 ई. के प्रारंभ से इस फैक्टरी के मैनेजर हुए और वे कुछ समय पूर्व तक रहे और अब अपने घर लौट गए हैं। मि. डब्ल्यू.सी. वेडले के पोते मि. डेंबी अब इस फैक्टरी के मैनेजर हैं।

मोतीपुर (Motipore)

मोतीपुर फैक्टरी मूल रूप से 1789 ई. में डच द्वारा बनाई गई। उस समय यह एक चीनी फैक्टरी थी। 1816 ई. में इसे नील फैक्टरी में परिवर्तित कर दिया गया जिसका मालिकाना हक मेसर्स नोयल एंड कम्पनी के पास आ गया। इसके संबद्ध फैक्टरी चकलन (Chuklon) की स्थापना संबंधी जानकारी उपलब्ध नहीं है। मोतीपुर फैक्टरी की स्थापना 1871 ई. में थॉमस फ्रेजर ने की थी। मोतीपुर फैक्टरी के प्रबंधन का कार्य जेम्स कोसरेट ने 1839 से 1844 ई. तक किया, आर. केहिल ने 1846-1852, और डेविड ब्राउन ने 1853 से 1855 ई. तक प्रबंधन का कार्य किया। इसके बाद सी. ओमन ने मोतीपुर फैक्टरी खरीद ली और उन्होंने इसे अपने पास 1858-59 ई. तक रखा। उन्होंने इसे बेच दिया। मैकरे इसका प्रबंधन करने लगे। मैकरे के पश्चात् फैक्टरी के प्रबंधन का दायित्व क्रमशः जॉर्ज टूमे 1866 ई., एम. स्मिथ, जेम्स स्टीवर्ट और फ्रैंक हेमले के हाथों आया। फ्रैंक हेमले बीमार होकर अपने घर चले गए जिनकी मृत्यु इंग्लैंड में हो गई। 1882 से 1892 ई. तक टॉम बार्कले और उनके भाई ने इस फैक्टरी के बतौर मैनेजर दायित्व सँभाला। मोतीपुर फैक्टरी के गार्डन में एक कब्र है। कब्र के पत्थर पर अंकित है—'लूसी की पवित्र स्मृति में : लूसी जो डब्ल्यू.ई. केहिल, कैप्टन 40वीं रेजिमेंट, बी.एन. आई एवं उनकी पत्नी ऐना जेन की नवजात पुत्री थी। इसकी मृत्यु 3 महीने की आयु में 25 मार्च, 1850 ई. को हो गई।'

कैप्टन केहिल, आर. केहिल के पुत्र थे। मुझे लगता है कि उनकी सेवानिवृत्ति जिस रेजिमेंट से हुई, वह रेजिमेंट उस समय दानापुर में स्थित थी। तेतरिया फैक्टरी मोतीपुर की एक संबद्ध फैक्टरी थी जिसे 1852-53 ई. में डी.आर. तथा ए. क्राफोर्ड के हाथों बेच दिया गया।

मंगलगढ़ (Munghalgarh L. Mod.&Co.)

मंगलगढ़ फैक्टरी मूलतः दौलतपुर की एक संबद्ध फैक्टरी थी जिसे पचास के दशक में डब्ल्यू.सी. वेडले ने स्थापित किया था। अब इस फैक्टरी का स्वामित्व एफ. मूरे, सी. मैकके और स्व. ई.एम. मूरे के एस्टेट के पास है। इस फैक्टरी का निर्माण विगत पचास वर्ष पूर्व किया गया है और तुलनात्मक रूप से यह एक नई फैक्टरी है। अब यह एक स्वतंत्र एवं समृद्ध व्यावसायिक प्रतिष्ठान है। मि. ई.एम. मूरे, जिन्होंने इस फैक्टरी का अनेक वर्षों तक प्रबंधन किया, उनकी अचानक मृत्यु हो गई और उन्हें 1905 ई. में दौलतपुर में दफना दिया गया। इसके वर्तमान मैनेजर मि. फिंच हैं।

अटर (Ottur W.S.O.)

अटर की फैक्टरी मूल रूप से गंडक नदी के तट पर अवस्थित थी, इस फैक्टरी का गंडक नदी से धीरे-धीरे कटाव होने लगा तब इसके मालिकों ने एक नई फैक्टरी कुछ दूर हटकर बनानी शुरू कर दी। मूल फैक्टरी एक मिलकियत पर बनी थी जो सीधे सरकार से प्राप्त की गई थी। नई नील फैक्टरी भी मिलकियत की जमीन पर ही बनाई गई है। अटर फैक्टरी का सबसे पुराना संबंध हस्ना फैक्टरी से है। जहाँ तक मुझे स्मरण है, 1847 ई. में हस्ना एक चीनी मिल हुआ करती थी। एक-दूसरी संबद्ध फैक्टरी मोहम्मदपुर में 1851-52 ई. के बाद बनाई गई। घोसरमा की फैक्टरी की स्थापना 1880-81 ई. में हुई और मोहम्मदपुर फैक्टरी के निकट मिश्रवलिया फैक्टरी की स्थापना घोसरमा फैक्टरी की स्थापना के कुछ वर्षों बाद हुई। सत्तर के दशक में अटर फैक्टरी को मेसर्स जी. स्वाइन एवं लेथब्रीज ने मेसर्स ग्लिन्डर्स अरबटहुत एंड कं. से खरीद लिया। जी. स्वाइन ने इस फैक्टरी के प्रबंधन का कार्य अनेक वर्षों तक किया, उनके

बाद एफ. लेथब्रिज और ए. मैकाइवर आए, जिन्होंने फैक्टरी का प्रबंधन कार्य क्रमशः छोटी अवधि के लिए किया। मैकाइवर के पश्चात् आर. हडसन आए। जब हडसन नब्बे के दशक में बाहर गए तो फैक्टरी की जिम्मेदारी वी. हीकले ने सँभाली। इस फैक्टरी में पुनः चीनी उत्पादन का काम वर्ष 1900 ई. में चालू किया गया और फैक्टरी का मालिकाना हक इंडिया डेवलपमेंट कं. लि. के नाम 1904 ई. में स्थानांतरित कर दिया गया। अटर के व्यावसायिक प्रतिष्ठान के पास लगभग 83,000 बीघा जमीन थी। अटर एक बहुत ही पुरानी फैक्टरी है और इसका अस्तित्व निश्चित रूप से 1800 ई. के प्रारंभ से है। पुपरी फैक्टरी को इसके साथ प्रारंभिक दिनों में ही संबद्ध कर दिया गया। मि. स्टर्नडेल अटर फैक्टरी के सबसे पुराने मैनेजर थे। मि. स्टर्नडेल 1830 ई. के पूर्व अटर में रहे होंगे, क्योंकि मि. जॉन मैकेंजी, जो मि. स्टर्नडेल के अधीन असिस्टेंट हुआ करते थे, वे तीस के दशक में पंडौल फैक्टरी के मैनेजर थे। मैंने कलेक्ट्रेट के रिकॉर्ड में पाया है कि मि. जेम्स जेंटील, जो 1773 ई. में भारत आए थे, वे 1793 ई. में अटर फैक्टरी के मैनेजर थे। स्टर्नडेल के बाद मैनेजर के पद पर कौन आया, इसकी जानकारी उपलब्ध नहीं है। लेकिन 1847 ई. में मि. हुलवे मैनेजर बने, उनके बाद फेरीयर आए। फेरीयर के बाद छपरा से जेम्स आए। जेम्स के बाद ओगीलवी मैनेजर बने लेकिन वे बहुत जल्दी ही नील व्यवसाय को छोड़कर सेना में भर्ती हो गए। उनके बाद मैनेजर के रूप में क्रमशः डब्ल्यू. गार्सटीन, यंग, जे. मैकरे और अन्य लोग आए। इसके पश्चात् जी. स्वाइन ने फैक्टरी खरीद ली। मि. स्टर्नडेल की एक पुत्री का विवाह बंगाल के लेफ्टिनेंट गवर्नर सर केसील बीडन (Sir Cecil Beadon) के साथ हुआ।

ए. एम. डेलसायर, जो एक फ्रांसीसी था, उसने 1847-48 ई. में अटर की फैक्टरी में दिलचस्पी दिखलाई। वह चीनी उत्पादन में गहरी रुचि रखता था और इस हेतु उसने अच्छी रकम भी लगाई। डेलसायर

के संबंध में आखिरी बार जो मैंने सुना, उससे मालूम हुआ कि वे स्विट्जरलैंड में रहते थे। डेलसायर के संबंध में एक रोचक कहानी है। उन्हें साबुन-पानी के साथ स्नान करना अधिक प्रिय नहीं था। उनकी पत्नी ने उल्लेख किया है कि एक बार उन्होंने अपने पति को स्नान करने को प्रेरित किया। डेलसायर ने कहा कि वह बहादुर है और स्नान करने जा रहा है। पत्नी बताती हैं कि स्नानघर से पानी गिरने की आवाज आने लगी। जब उन्होंने स्नानघर में झाँक कर देखा तो पाया कि डेलसायर पानी से स्नान न कर उसे जमीन पर गिरा रहा है। पत्नी ने डेलसायर को कहा, 'ओह, डेलशायर तुम तो धूर्त हो।'

फैक्टरी के आसपास के मुसलिम रैयतों के लिए पूर्व में फैक्टरी द्वारा तजिया बनवाया जाता था, लेकिन बहुत वर्षों से अब उसे बंद कर दिया गया।

पीरकपुर (Peerakpore M.W.H.)

पीरकपुर फैक्टरी का निर्माण अटर देहात में किया गया था। इसकी स्थापना मुजफ्फरपुर के बैंकर्स चमन लाल और नत्थूलाल चौधरी के द्वारा की गई थी। फैक्टरी सर्वप्रथम रउना गाँव में लगाई गई थी, लेकिन इस स्थान पर बाढ़ का पानी आने के कारण इसे एक वर्ष बाद ही 1866 में बंद कर दिया गया और 1867 ई. में पीरकपुर में फैक्टरी लगाई गई। रउना की फैक्टरी लेविस बेपटीस्ट द्वारा लगवाई गई थी जबकि पीरकपुर फैक्टरी का निर्माण इलिस ने किया था। इलिस ने चौधरी लोगों की तरफ से फैक्टरी का प्रबंधन कार्य कुछ वर्षों तक किया। इलिस के बाद आनेवाले मैनेजर क्रमशः इस प्रकार थे—जेम्स स्टुअर्ट, एक्सहा, डब्ल्यू. लीव्हेलीन, जॉन ग्रांट और एच. हुले। चौधरी बैंकर्स के असफल होने के बाद हेनरी हडसन ने फैक्टरी खरीद ली। हडसन के एक पुत्र ने कुछ

समय तक फैक्टरी के मैनेजर का काम किया। वर्तमान समय (1905 ई.) में मि. डब्ल्यू.जे. रोस फैक्टरी के मैनेजर हैं।

राजकुंड (Rajkund W.&M.M.)

राजकुंड फैक्टरी के प्रारंभिक दिनों के संबंध में मेरे पास बहुत ही कम जानकारी उपलब्ध है। स्थानीय निवासी राजकुंड फैक्टरी को अवरई फैक्टरी के नाम से भी जानते हैं। 1817-19 की एक जीर्ण-शीर्ण कैश-बुक है, जो यह दरशाता है कि मि. के. हग्निस इसके मैनेजर थे, जो कमतौल की फैक्टरी से अपनी रकम लेते थे। इसलिए संभावना बनती है कि उन दिनों राजकुंड फैक्टरी कमतौल का एक व्यावसायिक प्रतिष्ठान रहा होगा। मि. हेग्निस के समय में यहाँ नील के बीज का उत्पादन किया जाता था। फैक्टरी तक नील लाने के लिए नाव एवं बैलगाड़ी का प्रयोग किया जाता था। 1841-42 ई. में लेविस कुक इसके मैनेजर बने। एक नौजवान और स्मार्ट व्यक्ति जिसका नाम मेंजीज था, कुक के असिस्टेंट थे। दुर्भाग्यवश वह शराब पीने लगा जिसके कारण उसे 1849 ई. में उसके घर ग्योर्सने भेज दिया गया। विलियम फॉरेस्ट भी एक असिस्टेंट थे जिनकी मृत्यु हैजे से 17 वर्ष की आयु में अक्टूबर 1845 में हो गई। एंड्रू क्राफोर्ड के मैनेजर काल में उनकी मृत्यु हुई। मुझे ठीक से स्मरण है कि कुक ने अपने कर्मचारियों से झगड़ा कर फैक्टरी छोड़ दी। कुक ने 1845 ई. में सैदपुर में एक फैक्टरी स्थापित करने की चेष्टा की, लेकिन विरोध होने के कारण सैदपुर पर अपने दावे को राजकुंड के हाथों बेच दिया और तब यह राजकुंड की एक सहयोगी इकाई बन गई। लेकिन बाद में सैदपुर की फैक्टरी बंद हो गई। 1847-48 ई. में विलियम्सन एंड्रू क्राफोर्ड के असिस्टेंट थे। वे चीनी उद्योग के संबंध में जानकारी रखते थे। विलियम्सन के पश्चात् 1851 ई. में जेम्स बेग इसके मैनेजर

बने। 1852 ई. में सी. स्वाईन ने काँटी फैक्टरी के साथ ही इस फैक्टरी के प्रबंधन का काम भी करना शुरू कर दिया। पी. मैकफार्लेन स्वाईन के असिस्टेंट थे। 1855–56 ई. में कुछ समय के लिए सी. स्वाईन फैक्टरी के अधीक्षक बने और डब्ल्यू. ओमन मैनेजर बनाए गए। इनके पश्चात् हेरी ब्राउन को मैनेजर बनाया गया। मि. ब्राउन मृत्युपर्यंत इस फैक्टरी के मैनेजर बने रहे, अपवादस्वरूप कुछ दिनों के लिए वे बेग क्रिस्टी के नील के बीज व्यवसाय को सँभालने के लिए 1856 ई. में कानपुर गए थे। असिस्टेंट के रूप में कार्यरत विल्किंसन की गरदन की हड्डी कलकत्ता में हर्डल रेस में भाग लेने के दौरान टूट गई। उनकी जगह पर ए. ग्रांट आए। 1870 ई. में जब बेलसंड और राजकुंड की संपत्ति जे.एफ. एंड डब्ल्यू. मैकेंजी के स्वामित्व में आई तो कैंपवेल इसके मैनेजर बनाए गए जिन्होंने 1873 ई. तक इन फैक्टरियों का प्रबंधन कार्य किया। 1874 ई. में ए.आर.एच. मैकइवेन मैनेजर बनाए गए। 1857 ई. में एच. स्पेंसर ने मैनेजर के रूप में फैक्टरी में काम किया। 1869 में स्पेंसर ने फैक्टरी छोड़ दी और उनकी जगह डब्ल्यू. रीडेल ने ली। वर्तमान में इस फैक्टरी की जिम्मेदारी (1905 ई.) मि. एम.एच. मैकेंजी के कंधों पर है, जो रेवाड़ी फैक्टरी में रहते हैं और कभी–कभी इस फैक्टरी का काम देखने यहाँ भी आते हैं।

रुन्नी सैदपुर (Rooni Syaidpore J.M & Co. S.R)

रुन्नी सैदपुर की फैक्टरी की स्थापना मि. आर.पी. इरविन ने 1862–63 में की थी। बेलसंड और राजकुंड देहात क्षेत्र के नील उत्पादकों के लिए इस फैक्टरी की स्थापना की गई। काफी झगड़ा–झंझट के बाद 1865 ई. में इसकी सीमा तय की गई। यह फैक्टरी सैदपुर फैक्टरी के निर्माण स्थल के निकट है। मि. कुक ने जब राजकुंड छोड़ा था तो उन्होंने

सैदपुर में फैक्टरी स्थापित करने का प्रयास किया था। 1889 ई. में मि. इरविन की जगह मि. ए.एच. रेनी ने फैक्टरी की कमान सँभाली। मि. इरविन का घर जाने के दौरान जहाज पर ही निधन हो गया तथा उन्हें स्वेज में दफना दिया गया। मि. ए.एच. रेनी के पश्चात् मैनेजर के रूप में जो लोग आए, वे क्रमशः मि. जे.एच. स्मिथ 1883–84, मि. ई. स्टीमेंस 1891 थे। अभी वर्तमान (1903 ई.) में मि. डी. विट्से फैक्टरी के मैनेजर हैं।

शाहपुर ओ. (उंडी) (Shahpore o. J.F.&S.)

शाहपुर ओ. (उंडी) फैक्टरी का निर्माण 1790 ई. में फिंच परिवार के मुखिया जोसफ फिंच ने किया था। 1847–48 ई. में जस्टीन फिंच ने अपने भाई फेड्रिक से इस फैक्टरी के प्रबंधन की जिम्मेदारी ली। 1861 ई. में जस्टीन की मृत्यु हो गई और उन्हें मुंगेर में दफनाया गया। कुछ वर्षों के बाद जस्टीन के पार्थिव शरीर को मुंगेर की कब्र से निकालकर पटना की उस कब्रगाह में दफनाया गया जहाँ उनके परिवार के अन्य सदस्यों को दफनाया गया था। जस्टीन की मृत्यु के बाद उनके भाई फेड्रिक इंग्लैंड से लौटकर फैक्टरी की जिम्मेदारी पुनः अपने जिम्मे ले ली। जस्टीन की मृत्यु और फेड्रिक के आने की बीच की अवधि में मि. एम.जे. विल्सन ने फैक्टरी के प्रबंधन को सँभाला। एफ. फिंच ने अपने एक पुराने मित्र सी. स्ट्राचन को फैक्टरी का मैनेजर बनाया। लेकिन अपने खराब स्वास्थ्य के कारण स्ट्राचन इंग्लैंड लौट गए। कई वर्षों से इस प्रतिष्ठान में असिस्टेंट के रूप में कार्य कर रहे एम. लायड को स्ट्राचन की जगह मैनेजर बना दिया गया। उन्होंने लंबे अर्से तक फैक्टरी के मैनेजर के रूप में काम किया और उनकी कार्यावधि में फैक्टरी को अच्छा खासा मुनाफा भी होता रहा। एम. लायड के बाद फैक्टरी के प्रबंधन की जिम्मेदारी जोसफ फिंच के पुत्र डब्ल्यू. फिंच को दी गई। उनके बाद उनके ब्रदर-इन-लॉ को फैक्टरी

का मैनेजर बना दिया गया। अभी इस फैक्टरी के मालिक कौन हैं, इसकी मुझे सही जानकारी नहीं है, लेकिन इस फैक्टरी को अभी मि. ई. एबोट सँभाल रहे हैं, जो संभवतः मेसर्स कीलबर्न एंड क. के लिए काम करते हैं। डब्ल्यू. फिंच की मृत्यु उनकी पुत्री के विवाह के दिन ही अचानक हो गई। शाहपुर उंडी में उनकी मृत्यु हुई थी और वहीं फैक्टरी के गार्डन में उन्हें दफनाया गया। जॉन बेचर, जिनकी मृत्यु 1847–48 में हुई थी, उन्हें भी फैक्टरी के गार्डन में दफनाया गया। फैक्टरी की जमीन को धीरे–धीरे टुकड़ों में बेचा जा रहा है। एक पुराने समृद्ध प्रतिष्ठान का उदासी भरा अंत।

शाहपुर मिरचा (Shahpore Mircha S.C.Mck.)

शाहपुर मिरचा फैक्टरी का मोकर्ररी पट्टा 1799 ई. का है। यह एक रुपए के स्टांप पेपर पर है और इस पर काजी की मुहर लगी है। तिरहुत की अन्य पुरानी फैक्टरियों की तरह इस फैक्टरी के भी पुराने दस्तावेज नहीं हैं जिनसे ज्ञात हो सके कि यहाँ मैनेजर के रूप में किन लोगों ने काम किया। आम लोगों की बातों से ही मुझे ज्ञात हुआ है कि तीस के दशक के प्रारंभ में कुक इस फैक्टरी के मैनेजर थे और जेम्स कौक्स उनके असिस्टेंट। उनके बाद अगले मैनेजर ड्रमंड ही रहे होंगे। उन्होंने कालीप्रसाद को (जिनकी पत्नी वर्तमान में फैक्टरी की मालिक हैं) फैक्टरी का मुंशी बनाया था। ड्रमंड के पश्चात् 1847 ई. में सैम जॉनसन मैनेजर बनाए गए जिनकी मृत्यु 1848 ई. में हो गई। उनकी मृत्यु के बाद डब्ल्यू.सी. बेडले ने मैनेजर का दायित्व सँभाला। बेडले के पश्चात् सी. स्ट्राचन, पुनः डब्ल्यू.सी. बेडले, एम.जे. विल्सन, जार्ज स्मिथ और अन्य लोग मैनेजर बनाए गए। जार्ज स्मिथ की मृत्यु के पश्चात् जेम्स स्मिथ ने फैक्टरी के प्रबंधन की जिम्मेदारी ली। उन्होंने कालीप्रसाद के साथ मिलकर पार्टनरशिप में इस फैक्टरी को खरीद

लिया। बिंग जब इस फैक्टरी के मैनेजर बने तो उन्होंने इस फैक्टरी की कुछ हिस्सेदारी खरीद ली। इसके बाद फैक्टरी में कुछ विवाद हो गया और उसके बाद कालीप्रसाद की विधवा मुसमात जनक कुँवर इसकी एकमात्र मालकिन बन गईं। यहाँ बच्चों की कब्रगाह के अलावा दो ऐसी कब्र हैं जिनके पत्थरों पर कुछ भी अंकित नहीं है तथा उनके संबंध में लोगों को भी कुछ नहीं पता है। एक कब्र सैम्युअल जॉनसन की पवित्र याद में है जिनकी मृत्यु 7 अगस्त, 1848 को 73 वर्ष की आयु में हुई थी। दूसरी कब्र जार्ज स्मिथ की स्मृति में बनी है जिनकी मृत्यु 25 जुलाई, 1862 में 46 वर्ष की उम्र में हुई थी। तिरहुत एसोसिएशन ऑफ लंदन द्वारा फैक्टरी खरीदे जाने से पूर्व शाहपुर मिरचा की फैक्टरी किसके स्वामित्व में थी इसकी जानकारी मुझे नहीं है। कालीप्रसाद और जेम्स ने इस फैक्टरी को जिस पार्टनरशिप में खरीदा था उसे तिरहुत एसोसिएशन ऑफ लंदन ने 1856–57 के लगभग रद्द कर दिया। कालीप्रसाद ने मुझे एक व्यक्ति का नाम बताया था जिसने अपनी यौवनावस्था में फैक्टरी का प्रबंधन किया था, लेकिन मुझे उस व्यक्ति का नाम याद नहीं है। उसे लोग बहुत ही अच्छा आदमी मानते थे। कालीप्रसाद ने उनके संबंध में एक बात बताई कि उनमें एक कमी थी। वे अकसर ही अपने कमरे में विश्राम करने चले जाते थे और अपने साथ जीन का एक बक्सा भी ले जाते थे, और वे तब तक दिखाई नहीं देते जब तक कि जीन का संपूर्ण बक्सा (Case) खत्म नहीं हो जाता। उनके संबंध में काली ने कहा कि वे निहायत होशियार व बड़े जबरदस्त थे। ई. डी. एम. एक्सहाउ ने इस फैक्टरी के प्रबंधन का कार्य 1895 ई. से शुरू किया और वे ही वर्तमान मालिक जदुनंदन सहाय के भी मैनेजर बने हुए हैं। विगत दो वर्षों से इस फैक्टरी में नील का व्यवसाय नहीं हो रहा है। इसके वर्तमान मालिक बाबू जदुनंदन सहाय, स्व. बाबू गजराज सहाय के दत्तक पुत्र हैं। बगली, जहाँ इनका परिवार निवास करता है, वहाँ पर उन्होंने

एक बहुत ही बढ़िया अस्पताल खोला है। इस अस्पताल का उद्घाटन तिरहुत के तत्कालीन कलेक्टर मि. एल हेयर (वर्तमान में सर एल. हेयर, लेफ्टीनेंट गवर्नर ऑफ ईस्ट बंगाल) ने किया था। इस अस्पताल का नाम 'गजराज अस्पताल' है। अस्पताल 1895 ई. में खोला गया था। इस अस्पताल के लिए पर्याप्त धन दान दिया गया है जिस कारण सरकार ने बाबू को धन्यवाद भी दिया है। यदि बाबू गजराज सहाय कुछ समय तक और जीवित रहते तो सरकार उन्हें राय बहादुर बना देती। बाबू जदुनंदन सहाय और स्थानीय समिति इस अस्पताल को अच्छे से चलाने में गहरी रुचि लेती है। अस्पताल अच्छे ढंग से चल रहा है और यहाँ 10,000 मरीजों का सालाना इलाज किया जाता है।

सिरसीया फैक्टरी की स्थापना 1883 ई. में बाबू मथुरा एवं हनुमान दास ने की। वे मुजफ्फरपुर के रहनेवाले थे तथा सिरसीया बुजुर्ग में उन्होंने फैक्टरी लगाई। मि. बिर्च को मैनेजर नियुक्त किया गया था। काँटी तथा दाउदपुर देहात की यह एक मध्यस्थ फैक्टरी थी।

1902 ई. की शुरुआत में दरभंगा के राय गंगा प्रसाद सिंह ने मथुरा एवं हनुमान दास के खिलाफ डिग्री ली और उसी डिग्री के आधार पर उन्होंने इस फैक्टरी को खरीद लिया।

1901 ई. में इस जगह को काँटी फैक्टरी ने राय गंगाप्रसाद सिंह से बंदोबस्त करा लिया।

फैक्टरी बिल्डिंग को ढहाकर इसकी मशीनों को काँटी ले जाया गया।

1905 ई. में सिरसीया को 5 वर्षों के लीज पर बिहार प्लांटर्स एसोसिएशन लि. को रिसर्च स्टेशन के लिए दे दिया गया। इस रिसर्च स्टेशन को बंगाल सरकार के अनुदान से चलाया जाता है।

इस प्रयोगशाला तथा फैक्टरी को आधुनिक बनाने तथा विभिन्न तरह के उपकरण खरीदने के लिए अच्छी रकम खर्च की गई है। इसके

कर्मचारियों में शामिल हैं—मेसर्स सी. वर्गथेल (प्रभारी), आर.वी. ब्रीग, जे.जी. टर्नवल तथा आर. मैकग्रेगर। इस रिसर्च स्टेशन में जो काम हुए हैं, उनसे बहुत अच्छे परिणाम प्राप्त हुए हैं। भविष्य बतलाएगा कि जो काम हो रहे हैं, उनसे नील उद्योग को कितना लाभ मिलता है।

सरैया (Surryiah C.K.M.Z.C.)

सरैया भी एक ऐसी ही पुरानी फैक्टरी है जिसके दस्तावेज उपलब्ध नहीं हैं। स्थानीय लोग बताते हैं कि इस फैक्टरी की स्थापना जीगलर नाम के किसी व्यक्ति ने की थी। वह जेम्स गिबोन के काल (समय) में एक प्लांटर था जिसके स्वामित्व में सारण जिले के सोनपुर के निकट शीतलपुर में एक फैक्टरी थी। 1847–48 या उसके लगभग सरैया फैक्टरी का प्रबंधन स्व. एडवर्ड स्टड द्वारा किया जाता था।

अभी सरैया फैक्टरी का स्वामित्व दरभंगा के महाराजा के पास है। इस फैक्टरी का प्रबंधन अनेक वर्षों तक स्व. ई.एस. लीव्हेलीन द्वारा किया गया। उनके बाद आर. समर्स आए। अभी इसके मैनेजर मि. फाकनर हैं। सरैया में एकमात्र कब्र जॉन लीवींगस्टोन नील की है जिनकी मृत्यु जुलाई 1866 में हुई थी। सरैया के वर्तमान मैनेजर ने मेरे अनुरोध पर मुझे कुछ सूचनाएँ भेजी हैं, जो मैं आगे लिख रहा हूँ। इसका पहला मुकर्ररी पट्टा 1802 ई. का है। दस्तावेज के अनुसार मौजा करारा डकली रोहना (सीरकर हाजीपुर) में 25 बीघा जमीन मि. पेज को बसंतपुर के चौधरी भैरो दत्त ने मुकर्रर की थी। 1811 ई. में मि. बोल्डवेट ने दीवलधारी मिश्र से पंद्रह बीघा मुकर्ररी के तहत प्राप्त की। ऐसा प्रतीत होता है कि एक समय में इस फैक्टरी पर मेसर्स कोलवीन एंड कं. का अधिकार था, लेकिन इस संबंध में कोई दस्तावेज उपलब्ध नहीं है। 1826 ई. में उन लोगों ने इस फैक्टरी को शीतलपुर के मि. लेनार्ड जिगलर के हाथों बेच

दिया। 1830 ई. में मि. जिगलर ने एक वर्ष के लिए इस फैक्टरी को मि. हेनरी हिल को लीज पर दे दिया। एक वर्ष के बाद मि. जिगलर ने 1831 ई. में मेसर्स हेनरी हिल और डॉ. चार्ल्स मैकीनन के हाथों फैक्टरी 1,40,000 रुपए में बेच दी। कुछ दिनों के बाद मि. एच. हिल ने अपना आठ आना हिस्सा डॉ. मैकीनन के हाथ बेच दिया और अब मैकीनन इसके एकमात्र मालिक हो गए। इसी वर्ष डॉ. सी. मैकीनन ने फैक्टरी की चार आना हिस्सेदारी मि. फर्ग्यूसन को बेच दी। 1935 ई. में मि. फर्ग्यूसन ने अपनी हिस्सेदारी पुनः मैकीनन को 45,000 रुपए में बेच दी। 1836 ई. में डॉ. सी. मैकीनन ने भोला झा से 12 बीघा जमीन लेकर अजीजपुर फैक्टरी स्थापित की। 1845 ई. में मि. ई. स्टड ने डॉ. सी. मैकीनन से 50,000 रुपए में कोलपोरह (CoalPorah) गाँव खरीदा। 1835 ई. में एफ. कोलिनब्रिज ने कोलपोरह में फैक्टरी स्थापित की। इसी वर्ष ढोली की फैक्टरी के साथ-साथ सरैया, अजीजपुर और कोलपोरह की फैक्टरी कैप्टन डब्ल्यू. स्लोन को एक वर्ष की लीज पर दे दी गई। 1853 ई. से इसके मैनेजर निम्नलिखित हुए—ई. स्टड, एच. हडसन 1856, ई. डी. अरक्वाहर्ट 1864, एच. मैकडोनाल्ड 1869। एच. मैकडोनाल्ड ने गरीबा के बाबू प्रीती सिंह एवं अन्य से जमीन लेकर मोहम्मदपुर में एक संबद्ध फैक्टरी स्थापित की थी। 1879 ई. में मि. सी.डब्ल्यू. थॉमस एवं 1880 ई. में हेनरी स्टड ने इसका प्रबंधन किया। सरैया की फैक्टरी जब दरभंगा के महाराजा और मि. जी.ई. लीह्वेलीन ने खरीदी तो 1882 ई. में इस फैक्टरी के प्रभारी मि. जी. लीह्वेलीन बने। उनके बाद 1897 में आर.बी. समर्स, 1899 में, ई. मार्शम, 1900 ई. में पुनः आर.बी. समर्स इसके मैनेजर बने। 1905 ई. में जे.एम. फाक्नर फैक्टरी के मैनेजर बने जो अभी वर्तमान में भी कार्यरत हैं। एक दूसरी संबद्ध फैक्टरी करनजी की स्थापना 1833-34 के लगभग हुई, लेकिन इस संबंध में कोई रिकॉर्ड उपलब्ध नहीं हैं। अभी वर्तमान (1907 ई.) में मि. सी. बेल इस फैक्टरी के मैनेजर हैं।

सींघिया (Singia G.I.Co.S.)

सींघिया की फैक्टरी 1791 ई. में एक डच के द्वारा स्थापित की गई। इसका मुकर्ररी पट्टा डच भाषा में लिखा गया था जिसे कोर्ट में पेश करने से पूर्व अनुवाद करने के लिए हम्बर्ग भेजा गया। फैक्टरी के वर्तमान मैनेजर (1905 ई.) ने मुझे जो सूचना भेजी है, मैं उसका सारांश यहाँ उद्धृत कर रहा हूँ : सींघिया (जिसे स्थानीय निवासी लालगंज के नाम में भी जानते थे और उसके आसपास एक बड़ा बाजार लगता था) की फैक्टरी जिस जमीन पर अवस्थित है, उस जमीन में से 14 बीघा जमीन डच ईस्ट इंडिया कंपनी ने 29 जुलाई, 1791 ई. को बेचने का निर्णय लिया जिसे जगन्नाथ सरकार नाम के एक बंगाली व्यवसायी ने खरीदा। जमीन को नीलाम के द्वारा रुपए 100 सिक्कों में बेचा गया। इस जमीन की नीलामी की बोली हेंड्रीक आलराइट डेल ने लगाई थी। 11 जनवरी, 1795 ई. को जगन्नाथ सरकार ने यह जमीन मि. जॉन कोलीस के हाथों पटना में 435 रुपए में बेच दी। बिक्री की डीड पर जगन्नाथ सरकार के हस्ताक्षर हैं और गवाह के रूप में आर. डालटीन के हस्ताक्षर हैं। डब्ल्यू. डब्ल्यू. हंटर, बी.ए., एल.एल. डी ने बंगाल के स्टटिसटिकल एकाउंट (Statistical Account) के वॉल्यूम XIII, तिरहुत एवं चंपारण में सींघिया नील फैक्टरी को बूढ़ी गंडक के बाँध के निकट बताया है। इसका बंदोबस्त मूल रूप से डच ईस्ट इंडिया कंपनी ने साल्टपीटर के उत्पादन के लिए किया था और तिरहुत में यूरोपियन के कब्जेवाली फैक्टरियों में से एक फैक्टरी यह भी थी। 1812 ई. में इसके मैनेजर ने लिखा कि इस संपत्ति पर यूरोपियन का अधिकार याद न किए जा सकनेवाले समय से ही है। 21 मार्च, 1890 ई. को जॉन कोलिस ने इसे मि. जेम्स नेस्मिथ को बाँकीपुर में रुपए 750 सिक्कों में बेच दिया। उपर्युक्त तथ्य का उल्लेख एक डच डीड में है जिस पर जॉन कोलिस के हस्ताक्षर हैं और जेम्स

फालेरे तथा मैथ्यू मोरन की गवाही है। स्टांप पेपर पर अंग्रेजी में भी इसका एक बिक्री डीड है जिस पर जॉन कोलियर ने हस्ताक्षर किए हैं एवं एच.डब्ल्यू. वेयरहम जूनियर तथा मैथ्यू मोरन की गवाही है। इसका, रजिस्ट्रेशन शनिवार, 13 जून, 1801 ई. को 3 बजे दिन में जिला तिरहुत के कार्यालय में कराया गया जिसकी प्रविष्टि पेज. नं. 297 पर है। जेम्स नेस्मिथ ने इसे 18 जनवरी, 1803 ई. में रुपए 750 सिक्कों में बेचा। 1824 से 1835 ई. तक सींघिया, भैरोपुर और अनारपुर—इन फैक्टरियों को जेम्स गिबन, (जो कलकत्ता के एक प्लांटर थे) ने जॉन एबौट को 1824 ई. में बेच दिया। जॉन एबौट ने यह संपत्ति मेसर्स अलेक्जेंडर एंड कंपनी के वास्ते प्राप्त की। सींघिया के एच. फीजगेराल्ड ने 15 दिसंबर, 1828 ई. को चे. न परसा के अधिकार और टाइटल जोसफ सीमन फिंच से अपने नाम स्थानांतरित करवा लिये। 12 जनवरी, 1829 ई. को जोसफ सीमन फिंच और एच. फीजगेराल्ड ने जलालपुर तथा चेतन परसा के मध्य सीमा का निर्धारण किया। इसके तुरंत बाद 23 तथा 24 फरवरी, 1829 ई. को एच. फीजगेराल्ड ने चेतन परसा की संपत्ति मेसर्स अलेक्जेंडर एंड कंपनी को दे दी। 1836 ई. में चेतन परसा और रायकोला के बीच सीमा निर्धारण किया गया। 31 दिसंबर, 1836 ई. के लिखे एक पुराने चर्म-पत्र डीड में उल्लेख है कि 23 और 24 फरवरी, 1829 को सींघिया के एच. फीजगेराल्ड और उनकी पत्नी एलिज़ा ने जॉन एबौट को (जो अलेक्जेंडर एंड कंपनी के लिए काम करते थे) चेतन परसा की संपत्ति लिख दी। सींघिया, भैरोपुर, अनारपुर, जो मि. एच. फीजगेराल्ड के स्वामित्व में था उसके भी सभी अधिकार और टाइटल 1835-36 में जॉन एबौट को दे दिए गए। मेसर्स अलेक्जेंडर एंड कंपनी के लिए काम करनेवाले जॉन एबौट ने सींघिया, भैरोपुर, अनारपुर और चेतन परसा की फैक्टरियों को कलकत्ता के एक व्यापारी जॉर्ज फूली हुडकिन्सन के हाथ 1836-37 में रुपया 50,000 सिक्कों में बेच दिया। 1837 से 1852 तक

जॉर्ज फूली हुडकिन्सन ने सींघिया, भैरोपुर, अनारपुर और चेतन परसा जो सींघिया व्यापारिक प्रतिष्ठान था, को 7 जुलाई, 1837 को रिचर्ड अस्टेन फीजगेराल्ड के हाथों 50,000 रुपए में बेच दिया।

29 जुलाई, 1837 के एक गिरवी दस्तावेज में उल्लेख है कि आर.ए. फीजगेराल्ड पर गिस्बर्न एंड कं. का 30,754 रु. बकाया था और 18 38–39 के दस्तावेज के अनुसार फीजगेराल्ड ने सींघिया प्रतिष्ठान का 4/16 भाग गिरवी रखा था। 1848–1852 ई. की अवधि में सींघिया समेत अनेक फैक्टरियों (नील एवं चीनी फैक्टरी) को लीज पर देने और उनका लीज खत्म होने संबंधी पाँच दस्तावेज उपलब्ध हैं। यह दस्तावेज बेरींग ब्रदर्स और जे. फार्म एंड कंपनी के बीच का है। 1852 ई. में गंगेज इंडिगो कंपनी की स्थापना 1 अक्तूबर, 1852 ई. को की गई। गंगेज इंडिगो कंपनी के पास 110 शेयर थे। शेयर होल्डर इस प्रकार थे—

बेरिंग ब्रदर्स—55 शेयर—	रु. 27,500
टी.एम. गीसबर्न—34 शेयर—	रु. 17,000
जॉन डगल—12 शेयर—	रु. 6,000
जॉर्ज डगल—9 शेयर—	रु. 4,500
कुल रुपया—	रु. 55,000

कंपनी ने पाँच वर्षों के लिए पार्टनरशिप में कंपनी चलाने का निर्णय लिया। भारत में गीसबर्न एंड कं. को मैनेजर नियुक्त किया गया। सींघिया का उल्लेख करते हुए अनुसूची में बताया गया कि चार फैक्टरियों को मिलाकर सींघिया की स्थापना की गई है जिसमें 40 मैट लगे हुए हैं। मि. जेम्स गिबन का उल्लेख है कि उन्होंने 1803 ई. में सींघिया की फैक्टरी खरीदी थी। 1847–48 में जेम्स गिबन ही ब्रह्मपुर साल्टपीटर वर्क्स के प्रभारी थे। उनका परिवार बहुत बड़ा था जिसमें लड़कियाँ ही अधिक थीं। जहाँ तक मुझे जानकारी है, उन्हें एक ही पुत्र था जो विद्रोह के दौरान

घायल हो गया था और उसकी मृत्यु हो गई। बूढ़े मि. जेम्स गिबन की मृत्यु तिरहुत में दाउदपुर फैक्टरी के निकट ब्रह्मपुर में हो गई। उनकी एक लड़की का विवाह होतवारी के जॉन एंडरसन के साथ हुआ था। एक दूसरी लड़की का विवाह कोसेरेट के साथ, एक का पेल कोसेरेट के साथ और एक का कर्नल सी. स्मिथ के साथ हुआ था। उनकी और लड़कियों का विवाह किनके साथ हुआ, यह मुझे स्मरण नहीं है। मिसेज गिबन एक अच्छी आयु तक जीवित रहीं। उनकी जब 90 वर्ष की आयु थी, उस समय मैंने उनको देखा था। वे उस उम्र में भी बहुत ही सक्रिय थीं।

सींघिया की संबद्ध फैक्टरी नवादा की स्थापना 1871 में, चक दौलत की 1864 में, पउरा की 1890 में हुई थी। भैरोपुर जो हाजीपुर के पूर्व में गंगा के नजदीक अवस्थित है, वहाँ की फैक्टरी बंद हो गई है। सारण जिले में बूढ़ी गंडक के पश्चिम तट पर अवस्थित चेतन परसा की फैक्टरी की खरीद बिक्री अनेक लोगों ने की।

सींघिया की कब्रगाह के गुंबद पर अंकित बातें इस प्रकार हैं—एलिजा फीटजेराल्ड की पुण्य स्मृति में : जिनकी मृत्यु 27 मई, 1827 ई. को हुई। मि. जॉर्ज डौली, मृत्यु 4 अक्तूबर, 1881, बरबरा फिंच, मृत्यु 9 फरवरी, 1840, हेनरी जेम्स नील, मृत्यु 5 नवंबर, 1864, मार्क, मृत्यु 28 अप्रैल, 1900।

1847-48 या उसके कुछ बाद गंगेज इंडिगो कंपनी ने सींघिया प्रतिष्ठान में एडवर्ड स्टड को अधीक्षक बनाकर भेजा। इसके बाद इस प्रतिष्ठान को डब्ल्यू. रीडेल, एफ. कोलीनग्रीज और डॉ. बूथ ने खरीदा और वहाँ अनेक मैनेजर क्रमशः आए और गए। अभी वर्तमान (1905 ई.) में मि. गोर्डन इसके मैनेजर हैं। 1905 ई. के बाद टुकड़े-टुकड़े में फैक्टरी को बेच दिया गया है और व्यावहारिक रूप से 1907 ई. में फैक्टरी बंद हो गई।

ततरिया (Tatareah)

ततरिया की फैक्टरी मूलत: मोतीपुर फैक्टरी के अधीन थी। यह बूढ़ी गंडक नदी के उत्तर में अवस्थित है, जो बागमती नदी के भी नजदीक का स्थान है। इस फैक्टरी को 1853-54 में जब डी.आर. क्राफोर्ड तथा ए. क्राफोर्ड ने खरीदा, उसी समय से स्वतंत्र फैक्टरी के रूप में ततरिया फैक्टरी अस्तित्व में आई। इस फैक्टरी की स्थापना किसने की, इससे संबंधित रिकॉर्ड मुझे उपलब्ध नहीं हो सका है। लेकिन मुझे यह जानकारी है कि यह पुरानी फैक्टरियों में से एक है। 1800 ई. के प्रारंभ में यहाँ के कुछ मस्ती करनेवाले प्लांटर्स ने एक व्यक्ति, जिसका नाम संभवत: जेम्स था, उसके शरीर पर एक बोतल स्प्रिट डालकर आग लगा दी जिसके कारण जलकर उसकी मृत्यु हो गई। बागमती नदी के निकट इसकी एक सहयोगी फैक्टरी थी, जो अब बंद हो चुकी है, मैं उस जगह का नाम भूल गया हूँ। बूढ़ी गंडक के निकट बाला में इसकी एक सहयोगी इकाई टी.ओ.बी. नार्मन द्वारा 1880 में स्थापित की गई। ततरिया फैक्टरी को खरीदने के तुरंत बाद एंड्रयू क्राफोर्ड ने फैक्टरी के प्रबंधन की जिम्मेदारी सँभाल ली थी, लेकिन 1857 ई. में हैजे की बीमारी से उनका देहांत हो गया। उनकी मृत्यु के बाद जेम्स स्मिथ को मैनेजर बनाया गया। जेम्स स्मिथ ने जब फैक्टरी छोड़ी तो बूलेन के हाथों इसे बेच दिया गया और अंतत: जी. स्वाईन एवं लेथब्रीज ने फैक्टरी खरीदी। तत्पश्चात् मैकक्वींस, नार्मन एवं ए.डब्ल्यू. वाइएट के साथ मिलकर मिसेज पावर तथा मिस एलिस स्वाईन ने फैक्टरी पर अपना स्वामित्व स्थापित किया। कालांतर में मिसेज पावर ने अपनी सभी हिस्सेदारी छोड़ दी। डब्ल्यू. मैकक्वीन ने अनेक वर्षों तक फैक्टरी के मैनेजर का दायित्व सँभाला और अंत में सेवानिवृत्त होकर अपने घर लौट गए। उनके बाद डब्ल्यू. कींग मैनेजर बने और अभी (1905 ई.) बी.एस. हीक्के इसके मैनेजर हैं। यहाँ पर

दो कब्र हैं जिन पर निम्नलिखित अंकित है—**(1) जार्ज मेडीकट की पुण्य स्मृति में**—इनकी मृत्यु 19 अक्तूबर, 1842 को 43 वर्ष की आयु में हुई। **(2) एंड्रयू क्राफोर्ड की पुण्य स्मृति में**—जिनकी मृत्यु 30 जून, 1857 को 42 वर्ष की उम्र में हुई।

अरनिया (Urneah)

अरनिया की फैक्टरी मूलतः शाहपुर उंडी की एक सहयोगी इकाई थी जिसकी स्थापना जस्टीन फिंच ने पचास के दशक के प्रारंभ में की थी। यह फैक्टरी बाबू जदुनंदन लाल के स्वामित्ववाले जन्दाहा क्षेत्र में अवस्थित है, जिसे कुछ वर्ष पूर्व बाबू जदुनंदन लाल ने खरीद लिया था। अरनिया की फैक्टरी शाहपुर उंडी के उत्तर-पूर्व में अवस्थित है। ताल बरेइला जहाँ अच्छे पानी के कारण सभी तरह की बतख और उनका शिकार करनेवाले हजारों की संख्या में आते हैं, उस स्थान से फैक्टरी पश्चिम की दिशा में है। ताल इतना विशाल है कि यदि इसके एक छोर पर गोली चलती है तो उसकी आवाज दूसरे छोर तक नहीं पहुँच पाती है।

मैंने पंडौल, नरहन, जयनगर और कमतौल का रिकॉर्ड नहीं लिखा है। ये सभी फैक्टरियाँ दरभंगा के महाराजा के स्वामित्ववाली हैं। इन सब फैक्टरियों का कोई रिकॉर्ड मेरे पास नहीं है। इन फैक्टरियों के संबंध में मैं अपनी स्मरण शक्ति के आधार पर कुछ जानकारियाँ दे सकता हूँ, जो 1847 ई. के बाद की हैं। पंडौल फैक्टरी का अस्तित्व तीस के दशक का है। उस समय केमना या बचौर की फैक्टरी, पंडौल की सहयोगी इकाई हुआ करती थी। 1845 ई. या उसके लगभग जॉन गेल ने इस प्रतिष्ठान के एक बड़े भाग को चीनी मिल में परिवर्तित कर दिया था। जॉन गेल ने इस फैक्टरी को जी.एन. वाइएट के हाथों बेचा, पुनः गेल ने इसे खरीद लिया। जब जॉन गेल ने फैक्टरी छोड़ी तो उनके दो पुत्रों

जॉन तथा मर्माड्यूक ने बारी-बारी से फैक्टरी में मैनेजर का दायित्व सँभाला। उसके बाद वाइएट ने इसे खरीदकर दरभंगा के महाराजा के हाथों बेच दिया। नरहन की फैक्टरी की स्थापना किसने की, इस संबंध में मेरे पास कोई रिकॉर्ड उपलब्ध नहीं है। स्थानीय निवासी बताते हैं कि जब यह गाँव तिरहुत के राजा के अधीन था, उस समय 1825 ई. में मि. लांग ने इसका मुकर्ररी अपने पक्ष में कराया था। 1847-48 ई. में यह फैक्टरी चीनी फैक्टरी के रूप में काम करती थी जिसके मैनेजर एल. कौसरेट थे। जयनगर की फैक्टरी भी एक चीनी फैक्टरी के रूप में काम करती थी जिसके मैनेजर जेम्स कौसरेट थे। बाद में इन दोनों फैक्टरियों को नील फैक्टरी में परिवर्तित कर दिया गया। नरहन की फैक्टरी कुछ समय के बाद जॉन.एम. बेचर के हाथ आ गई और उसके बाद यह दरभंगा के महाराजा की मिलकियत हो गई जिनकी इस क्षेत्र के आसपास अकूत संपत्ति हुआ करती थी। जयनगर की फैक्टरी पर भी बेचर का मालिकाना हक हो गया था, लेकिन उसके पूर्व वहाँ मि. ए. क्रिश्टन ने एक घर बनवाया था, जहाँ उनका लकड़ी का बहुत बड़ा व्यवसाय था और ई.आई. रेलवे को वे स्लीपर बनाकर बेचा करते थे। मि. जेम्स तथा विल्सन ने 1848 ई. के करीब कमतौल की फैक्टरी खरीदी। 1856-57 ई. में इसे मि. जार्ज एंडरसन ने मि. जेम्स विल्सन एस्टेट से खरीद लिया। जब जार्ज एंडरसन देश से सेवानिवृत्त होकर जाने लगे तो इस संपत्ति को दरभंगा के महाराजा ने खरीद लिया और उन्होंने जार्ज एंडरसन को पेंशन के तौर पर एक बड़ी राशि दी। एंडरसन की मृत्यु कुछ वर्ष पूर्व हुई है। दो अल्प वयस्क नौजवान राजाओं की कार्यावधि में एंडरसन ने दरभंगा राज्य में मैनेजर के रूप में अपनी जो सेवा दी, उसी के एवज में उन्हें पेंशन की राशि देकर सम्मानित किया गया था। उपर्युक्त फैक्टरियों में से नरहन, जयनगर और पंडौल की फैक्टरी में अभी भी कम मात्रा में नील का व्यवसाय होता है। मुझे प्रतीत होता है कि कमतौल की फैक्टरी बंद

हो गई है और वह केवल जमींदारी के काम के लिए प्रयोग में आती है। पंडौल में मि. समर्स और मि. विर्च केवन बचनौर फैक्टरी के मैनेजर हैं। नरहन या जयनगर में अभी मैनेजर कौन है, इसकी मुझे जानकारी नहीं है, लेकिन जयनगर से नील नरहन आता है। हम जानते हैं कि कमतौल में जॉन एंडरसन रहते थे लेकिन इसकी स्थापना किसके द्वारा की गई, इससे संबंधित रिकॉर्ड हमारे पास उपलब्ध नहीं है। 1945 ई. के पूर्व मि. रिचर्डसन कुछ वर्षों तक कमतौल में रहे। वे इस फैक्टरी के मालिक थे तथा उन्होंने ही यहाँ की फैक्टरी का प्रबंधन भी किया। उन्होंने 1846 में इस जगह को छोड़ दिया। उन्होंने इस देश को बहुत अच्छी तरह देखा। उनके एक पुत्र तथा अनेक पुत्रियाँ थीं जिनमें से एक का विवाह बाव टेलर के साथ हुआ और एक का विवाह ग्यूनीस (जो शराब बनानेवाले आयरिश का संबंधी था) से हुआ। पुत्र इंग्लिश आर्मी में भर्ती हो गया और सिख युद्ध के समय काफी सक्रिय था। सेना में लोग उसे 'ब्लैक डेनियल' के नाम से बुलाते थे। एक बार युद्ध के समय उनकी रेजिमेंट मुश्किल दौर में थी, वे उस जगह तत्काल पहुँच गए और जवानों से कहा—"हू वील फौलो ब्लैक डेनियल।" उनके इतना कहने पर उनकी शाबासी का घोष करते हुए सभी उनके पीछे चल पड़े।

निम्नलिखित फैक्टरियाँ पूर्णरूपेण बंद हो चुकी हैं और शायद ही इनमें से कोई अस्तित्व में हो—अमोह, यहाँ बूढ़े लेथब्रीज ही सर्वेसर्वा थे और यहाँ उन्होंने शांतिपूर्ण जिंदगी बिताई। जमुई, यहाँ आर्थर क्रुक ने अपना भाग्य आजमाया, लेकिन चीनी मिल के लिए प्रयुक्त होनेवाली मशीनों को वे बागमती नदी के बालू से आगे नहीं ले जा सके। आज के दिन वे सभी इसी बालू में दफन हैं। पुपरी की फैक्टरी करीब 1835 ई. में बंद हो गई। मुझे 1859 में एक मेमो दिखाया गया जो 1830 ई. का था, उस मेमो में पुपरी फैक्टरी को तिरहुत की सबसे अच्छी फैक्टरियों में से एक बताया गया था। उन दिनों निचले तल (Low Land) की भूमि को

लोग अच्छा मानते थे। ऐसी भूमि को वे एक बार जोतकर इसमें दो पौंड के लगभग प्रति बीघा नील का बीज बो देते थे। यदि मौसम सूखे का होता था तो नील उत्पादन के लिए भाग्यशाली होता था और यदि वर्षा होती थी तो धान की फसल से लगान, बीज की कीमत के साथ-साथ कुछ मुनाफा भी हो जाता था। नवादा, जहाँ बूढ़े जॉन एंडरसन की मृत्यु हुई थी, वह जगह अब बरबाद हो चुकी है और वहाँ की फैक्टरी बंद पड़ी है। यहाँ की फैक्टरी की स्थापना किसने की थी, इस बात की जानकारी उपलब्ध नहीं है। वीरपुर तथा बलहा एवं एक-दो अन्य छोटी जगहों का अब अस्तित्व नहीं रहा, सिवाय उनके नाम के। मुझे अकसर कौतूहल होता है कि बूढ़े जार्ज मिचेल या अलफर्ड ट्राइप की आत्मा अमोह के खँडहर में जब घूमती होगी तो वे क्या सोचती होगी, कि जहाँ उन्होंने अपनी जवानी के दिन बिताए, वह जगह कैसी हो गई। इसी तरह जोसफ ट्राइप की आत्मा जब डायन छपरा के अवशेषों को देखती होगी तो उन्हें कैसा लगता होगा, जहाँ इन लोगों ने अपने जीवन के अनेक वर्ष गुजारे। डायन छपरा एक पुरानी फैक्टरी थी जो मेजरगंज के निकट नेपाल सीमा पर पुराने मिलिट्री स्टेशन से सटी थी। पहरेदारों के पुराने बक्से अभी भी यहाँ पर हैं। यहाँ पर अफसरों के अनेक बंगले तथा मेस घर के खँडहर भी विद्यमान हैं। यहाँ की कब्रगाह उपेक्षित स्थिति में थी जिसकी मरम्मत का कार्य सरकार द्वारा कराया गया था, फिर भी कब्रों के अनेक पत्थर वहाँ से हटा दिए गए हैं। मि. एफ. कोलिनग्रिज ने डायन छपरा की फैक्टरी का प्रबंधन तीस के दशक में किया था, जिनकी मृत्यु 91 वर्ष की आयु में 1905 ई. में हुई। वे बूढ़े इंग्लिशमैन के एक अच्छे नमूने थे। मैं समझता हूँ कि मैंने तिरहुत की सभी फैक्ट्रियों के इतिहास की जानकारी दे दी है, सिवाय बरगाँव उर्फ बचोली उर्फ हीरनी की फैक्टरी के। मेरी जानकारी के अनुसार इस जगह की फैक्टरी के साथ इसकी सहयोगी इकाई, जो पीई में थी, की स्थापना मि. अलेक्जेंडर ने की थी जिनकी मृत्यु 1845

ई. में हो गई। उन्होंने हीरनी के निकट बिसरेह में एक चीनी की फैक्टरी स्थापित की थी जो बहुत वर्ष पूर्व बंद हो गई। जब मैं तिरहुत आया था, उस समय हीरनी की फैक्टरी बंद हो चुकी थी। पचास के दशक में मि. लाक्लीन मैकडोनाल्ड ने खरीदकर पुनः चालू किया। पचास के दशक के अंत में उन्होंने इस फैक्टरी को बेच दिया। उसके बाद अनेक लोगों के मध्य इस फैक्टरी की खरीद-बिक्री हुई, लेकिन कोई भी इससे लाभ नहीं उठा पाया। यह अब क्राउडी ब्रदर्स की संपत्ति है। उन्होंने इसे जमींदारी में विकसित कर दिया है। फैक्टरी के पास महँगे काश्तकारी जिर्रात हैं जिन पर अच्छी किस्म के तंबाकू और अन्य फसल उपजायी जाती हैं। इसकी सहयोगी इकाई पई के पूर्व में मीलों मैदानी जमीन है, जो पशुओं के चरागाह के काम आती है और तिरहुत के आधे पशुधन गरमियों में चारे के लिए यहाँ लाए जाते हैं।

रैयाम, पंडौल की एक सहयोगी इकाई है जिसे मि. डवबेनी ने खरीदा है और यहाँ अभी भी नील की खेती होती है। बरारी तथा मनकोली जो रैयाम की सहयोगी इकाइयाँ थीं उन्हें एक कम राशि में मेसर्स. एच. हुले एवं के. शार्ट द्वारा खरीद लिया गया। मनकोली की फैक्टरी स्थानीय निवासी के हाथों बेच दी गई। तेवराह या बरारी की फैक्टरी पुरानी है, इसकी स्थापना किसने की, इस संबंध में कोई जानकारी उपलब्ध नहीं है। पैडी मेडलीकोट वहाँ तीस के दशक के प्रारंभ में थे, उनका निधन 1842 ई. में हुआ। 1847 ई. में यह पूर्णरूपेण चीनी फैक्टरी थी, हालाँकि नील के लिए प्रयुक्त होनेवाले मैट्स भी यहाँ थे। मि. रॉबिन्सन ने चीनी फैक्टरी की मशीनें लगाईं। मंकी नाम की एक जगह में तेवराह की एक दूसरी सहयोगी इकाई थी जहाँ चीनी फैक्टरी हुआ करती थी, जो अब बंद है। कुछ समय पश्चात् तेवराह में एक नील की फैक्टरी लगाई गई लेकिन मुझे इसकी जानकारी नहीं है कि फैक्टरी चालू है या बंद हो गई। ठरमा की फैक्टरी भी ऐसी है जिसका उल्लेख मैंने अभी तक नहीं

किया है। पुराने समय में यहाँ नील फैक्टरी थी, जो बाद में चीनी फैक्टरी में परिवर्तित हो गई। किसी समय में यह ढ़ोली से संबद्ध थी, कुछ वर्ष पूर्व इसे सी.हे. वेब ने खरीद लिया और यह फैक्टरी एक स्वतंत्र इकाई बनी। तत्पश्चात् इस फैक्टरी को निकोल्स ने खरीद लिया और वर्तमान में यह उन्हीं के जिम्मे है। यह ढ़ोली फैक्टरी की सहयोगी इकाई सकरी के उत्तर में अवस्थित है। तेग अली द्वारा स्थापित पहाड़पुर एवं बंदी की फैक्टरियाँ बहुत ही समृद्ध थीं लेकिन अब ये करीब-करीब लुप्त हो गई हैं। बकराहा या चकसिकंदर की फैक्टरी की स्थापना स्व. मि. एम. लायड ने की थी। मैं समझता हूँ कि इस फैक्टरी ने नील फैक्टरी के रूप में काम करना बंद कर दिया है और यह अपनी पुरानी स्थिति अर्थात् जमींदारी में आ गई है। मि. एम. लायड की मृत्यु के पश्चात् उनके वारिसों ने इसे बाबू विश्वनाथ प्रसाद महतो के हाथों बेच दिया जिन्होंने कुछ दिनों तक इसे नील फैक्टरी के रूप में चलाया। पोखरैरा फैक्टरी की स्थापना अब्दुल अली ने की। इस फैक्टरी को राय गंगा प्रसाद ने खरीदकर फैक्टरी बंद कर दी और यहाँ जमींदारी का काम करने लगे। बेगूसराय की फैक्टरी जेम्स हेन्से ने 1864 ई. में लाला राम नरीन सिंह से खरीदी। जेम्स हेन्से ने इसे 1869 ई. में एफ.एच.हुले को बेच दिया। कुछ वर्ष पूर्व हुले ने इसे सी.एच. क्राउडी के हाथों बेच दिया था। मि. क्राउडी ने इसे मि. एल.ओ. रील्ली के हाथ बेच दिया जो अभी वर्तमान में इस फैक्टरी के मालिक एवं मैनेजर हैं। नया गाँव की फैक्टरी राय लक्ष्मीपाल सिंह बहादुर से एल.जे. क्राउडी एवं सी. जे. फेरम ने खरीदी थी। 1892 ई. में एल. क्राउडी ने मि. सी.जे. फेरम की हिस्सेदारी खरीद ली और इस फैक्टरी को मि. आर.जे. कैरथर्स के हाथों बेच दिया। जहाँ तक मुझे जानकारी है अब यह फैक्टरी बंद हो गई है। मुझसे किसी फैक्टरी के इतिहास का उल्लेख करना यदि छूट गया हो तो मैं आशा करता हूँ कि 'इंडियन प्लांटर्स गजेटी' के पाठक मुझे सही कर देंगे। इतिहास लिखने के क्रम में जो तथ्य शामिल नहीं हो

पाए हैं तो जो लोग भी संबंधित आँकड़ा मुझे मुहैया कराएँगे, मैं उनके प्रति अति आभारी रहूँगा। इसे लिखने में अनेक लोगों ने मेरी मदद की है, मैं उन सबको धन्यवाद देता हूँ। मुझे विश्वास है कि फैक्टरियों का इतिहास लिखने में मैं सफल रहा हूँ। मुझे बहुत कम रिकॉर्ड उपलब्ध हुए जिनके आधार पर इस रिपोर्ट को अच्छा बनाने की कोशिश मैंने की है। इस संबंध में मुझे मदद की अभी भी आवश्यकता है।

यहाँ पर तिरहुत फैक्टरी के इतिहास का मैं अंत करता हूँ और आगे मैं सारण की फैक्टरियों के संबंध में लिखना प्रारंभ करूँगा। यहाँ मैं शुद्धि करना एवं जोड़ना चाहूँगा, जो निम्नलिखित हैं—काँटी तथा मोतीपुर की फैक्टरी एकीकृत प्रतिष्ठान के तौर पर 1866 ई. में के. मैकलियोड तथा जेम्स कौक्स ने बराबर की हिस्सेदारी के आधार पर खरीदी थी। कौक्स ने अपने आठ आने की हिस्सेदारी में से जी. टूमे, सीनियर को दो आना दे दी, जार्ज टूमे सीनियर मोतीपुर फैक्टरी के मैनेजर थे। इसी अवधि या कुछ बाद में मार्टीन मैनेजर बनकर काँटी गए। उनके बाद टूमे सीनियर काँटी फैक्टरी के मैनेजर बने और टूमे की जगह मोतीपुर फैक्टरी में मैक्सवेल स्मिथ मैनेजर बने। मैक्सवेल स्मिथ के बाद जेम्स स्टुअर्ट मैनेजर बने। स्टुअर्ट के बाद फ्रेजर मैनेजर बने जो वर्तमान में फैक्टरी के मालिकों में से एक मालिक भी हैं। काँटी रीगा की संबद्ध फैक्टरियाँ भी उतनी ही पुरानी हैं जितनी कि मुख्य फैक्टरी। रीगा फैक्टरी के अहाते में तीन कब्रें हैं—पहली चार्ल्स होमन स्वाईन की स्मृति में बनाई गई है, जिनकी मृत्यु 1845 ई. में हुई थी, दूसरी अलेक्जेंडर मिचेल की है, जिनकी मृत्यु 1843 ई. में हुई थी। तीसरी कब्र पर कुछ भी अंकित नहीं है। स्थानीय निवासियों ने बतलाया कि एक प्लांटर, जिन्हें लोग नेकनाम साहब के नाम से जानते थे, को एक ब्रह्मणी साँड ने जान से मार दिया था। जॉनसन के नाम का उल्लेख अनेक फैक्टरियों के संदर्भ में हुआ है और मैंने पाया है कि वे 1837 ई. में दौलतपुर में थे। उनकी कार्यावधि

जॉन ब्राउन और आर. रोनाल्ड के बीच की थी। मेरे एक मित्र ने मुझे लिखा कि "मि. और मिसेज जॉनसन टालीगंज, कलकत्ता के निकट दफनाए गए थे। उनकी मृत्यु करीब 100 वर्ष पूर्व हुई थी, तिरहुत में उनकी एक नील की फैक्टरी थी, क्या यह वही व्यक्ति हो सकता है?" बेगूसराय की फैक्टरी कुछ वर्ष पूर्व हेन्से ने स्थापित की थी जो मझौल का हिस्सा बन गया। लेकिन इसे प्रतिष्ठान द्वारा बेच दिया गया जिसे क्राउडी ब्रदर्स ने खरीदा और पुनः इन लोगों ने भी इसे बेच दिया। यह अभी जमींदारी के रूप में काम कर रही है। एक दूसरी बंद फैक्टरी पुपरी या मंजई है जिसकी स्थापना दौलतपुर देहात में एफ. कोलीनग्रीज और डॉ. मैकनामारा ने मिलकर की थी। कोर्ट में इसके लिए बहुत लड़ाई और अप्रिय बातें हुईं। बेडली बहुत गुस्से में थे लेकिन वे कुछ भी नहीं कर सके। उसके बाद से इस स्थान की प्राकृतिक मौत हो गई। मैं अपने वैसे पाठकों को, जिन्हें जिलों की सांख्यिकी में दिलचस्पी है, को डब्ल्यू. हंटर, बी.ए.एल.एल.डी. लिखित तथा डब्ल्यू.ए. मैकी, सी. एस द्वारा संगृहीत स्टेटिस्टिकल एकाउंट ऑफ बंगाल, वॉल्यूम XIII तिरहुत और चंपारण पढ़ने की सलाह देता हूँ। इस पुस्तक को ट्रबनर एंड क., लंदन से मँगाया जा सकता है। मेरे एक मित्र ने मुझे यह पुस्तक उधार में दी थी, मेरे लिए पुस्तक रोचक एवं उपयोगी थी। मैंने इस पुस्तक में एक स्थान पर पाया कि बावराह फैक्टरी की स्थापना मेसर्स बीच और राम द्वारा 1793 ई. में की गई थी तथा इसके दस वर्षों के बाद मोहम्मदपुर, बेलसर (बेलसंड), पीपरा, दलसिंहसराय, जीतवारपुर, तेवराह, कमतौल फैक्टरियाँ अस्तित्व में आईं। इनके पहले दाउदपुर, सरैया और ढ़ोली फैक्टरी की स्थापना विलियम अर्बे हंटर, ढुरिया फैक्टरी की स्थापना मि. फिंच और शाहपुर फैक्टरी की स्थापना मि. पर्वीस ने की थी, जो अभी भी अस्तित्व में बनी हुई हैं। चीतवारा, पुपरी और शाहपुर उंडी की फैक्टरियाँ 1792 ई. में प्रारंभ हुईं।

1877 ई. के स्टेटिस्टिकल एकाउंट में निम्नलिखित बातें भी लिखी गई हैं—"कैपिटल शीर्षक में तिरहुत की फैक्टरियों के प्राक्कलित वार्षिक लागत को दरशाया गया है। नील के भविष्य के संबंध में कुछ भी बताना बहुत कठिन है। वर्तमान बाजार जिस पर भारतीय नील की व्यावहारिक रूप में पकड़ है, उसके संबंध में मि. (जो अब सर बन गए हैं) बेयले का विचार है कि नील की कीमतों में तब तक पर्याप्त वृद्धि होनी चाहिए जब तक कि व्यवसाय संतोषजनक रूप से व्यवस्थित नहीं हो जाता है। इसके बाद यह यूरोपियन बाजार पर निर्भर करेगा कि वे नील की कीमत वृद्धि को नियंत्रित करते हैं या व्यवसाय को बरबाद करते हैं।"

1877 ई. में बिहार के नील उद्योग पर काले बादल छा गए।

बंगाल के लेफ्टिनेंट गवर्नर सर ऐशले इडेन ने पाया कि सारण, चंपारण और तिरहुत जिलों में बड़ी संख्या में आपराधिक मुकदमे हुए। उन्होंने पटना के कमिश्नर एस.सी. वेले को पत्र लिखकर कहा कि वे प्लांटर्स और नील रैयतों के बीच पनप रहे असंतोषजनक संबंधों के बाबत कुछ बड़े प्लांटर्स और अधिकारियों के गंतव्य एकत्र करें।

अव्यवस्था रोकने के लिए महामहिम चिंतित थे और साथ-ही-साथ उन्हें यह भी बरदाश्त नहीं था कि भूमि पर गैरकानूनी कब्जा या बेदखली के कारण शांति भंग हो। महामहिम को भय था कि यदि इसके लिए एक कमिशन होगा तो इससे लोगों के दिमाग में उत्तेजना फैल सकती है जिसके परिणामस्वरूप रैयत नील की खेती करने से इनकार कर सकते हैं, लगान देने से मना कर सकते हैं जो दोनों पक्षों के लिए विवाद और परेशानी का कारण बन जाएगा। इस कारण महामहिम ने सलाह दी है कि सक्षम अधिकारियों और प्लांटर्स से वर्तमान व्यवस्था की त्रुटियों के संबंध में जानकारी ली जाए और उनके निराकरण के उपाय ढूँढ़े जाएँ। इसके आलोक में मि. एस.सी. वेले ने मि. थॉमस फ्रेजर को एक पत्र लिखा और इसी विषय पर स्व. मि. जार्ज टूमे से सलाह-मशविरा भी किया।

इस विषय पर एकमत होकर इन लोगों ने 2 अप्रैल, 1877 को प्लांटर्स की एक बैठक बुलाई जिसमें बड़ी संख्या में प्लांटर्स ने भाग लिया।

इस बैठक का मुख्य उद्देश्य एक एसोसिएशन का गठन करना था। एसोसिएशन का मुख्य कार्य उसके समक्ष रखे गए विषयों पर विचार करना एवं प्लांटिंग के हितों की रक्षा करना था।

इस बैठक की काररवाई एवं बैठक में भाग लेनेवालों के नाम निम्नवत् हैं—

सोमवार, 2 अप्रैल, 1877 को प्लांटर्स क्लब मुजफ्फरपुर में एक बैठक हुई। बैठक में प्लांटिंग समुदाय की रक्षा करने हेतु नील प्लांटर्स, मैनेजर और मालिकों का एक एसोसिएशन बनाने का प्रस्ताव मि. एफ. कोलीनग्रीज ने रखा जिसका समर्थन मि. आर. विल्सन ने किया। एसोसिएशन का उद्देश्य होगा कि प्लांटिंग हित संबंधी जो विषय उसके समक्ष रखे जाएँ, उन पर वह विचार करे। इस बैठक में निम्नलिखित व्यक्तियों ने भाग लिया—

एफ. कोलीनग्रीज	**दाउदपुर के प्रतिनिधि**		
आर. विल्सन	जयनगर	,,	,,
जे.एम. बेचर	धर्मपुर	,,	,,
ई. डलग्लेइश	दलसिंहसराय	,,	,,
डब्ल्यू. मैकेंजी	बेलसंड	,,	,,
डब्ल्यू.बी. हडसन	परसा	,,	,,
आर. हडसन	परसा	,,	,,
सी.एच. पोप	पुपरी	,,	,,
जीयो. टूमे	काँटी	,,	,,
टी. लायड	नरहन	,,	,,
एच. थरपे	बहास	,,	,,
मैकइंटोश	दुरीया	,,	,,

फ्रेड विल्किंसन	सींघिया	,,	,,
ई. डब्ल्यू. लीह्वेलीन	राजपट्टी	,,	,,
एम. गेट	पंडौल	,,	,,
डब्ल्यू.आर. लीह्वेलीन	झपहा	,,	,,
जॉन गेल	पंडौला	,,	,,
जॉन ग्रांट	पीरकपुर	,,	,,
एम.एन. मैकलियोड	पीपरा	,,	,,
जे.जे. मैकलियोड	लालसरैया	,,	,,
ए. एडवर्ड	मोतीहारी	,,	,,
ई.एस. फ्रीमैन	लहेरिया	,,	,,
डब्ल्यू. रीडेल	सींघिया	,,	,,
डब्ल्यू. मैक ग्रेगर	डूमरा	,,	,,
जीयो स्वाईन	अटर के प्रतिनिधि		
जे.एफ. फ्रेजर	मोतीपुर	,,	,,
ई.जी. विलियम	बहरोली	,,	,,
ई.जे.सी. स्टड	ढ़ोली	,,	,,
एफ. मूरे	बरहोगह	,,	,,

मि. टी. फ्रेजर को पत्र का जवाब देते हुए मि. एस.सी. वेले ने 7 जून, 1877 को लिखा कि महामहिम लेफ्टिनेंट गवर्नर ने एसोसिएशन की बैठक की काररवाई के मिनट्स को देखा जिसमें एसोसिएशन ने खुश्की नील का उल्लेख किया है जिसके अंतर्गत प्लांटर्स रैयत के साथ प्रत्यक्ष रूप से जुड़ेंगे और यह टीकाधारी व्यवस्था का स्थान लेगी।

21 जून, 1877 को मुजफ्फरपुर में एसोसिएशन की आम बैठक हुई। इस बैठक में निर्णय लिया गया कि एसोसिएशन को 'द इंडिगो प्लांटर्स एसोसिएशन' का नाम दिया जाए एवं नील की खेती में दिलचस्पी

रखनेवालों को एसोसिएशन में शामिल होने को कहा जाए तथा एक कमिटी भी बनाई जाए।

मि. थॉमस फ्रेजर और स्व. जार्ज टूमे को एसोसिएशन का मानद सचिव बनाकर एसोसिएशन का कार्य प्रारंभ किया गया।

29 अगस्त, 1877 को बंगाल के लेफ्टिनेंट गवर्नर ने इंडिगो प्लांटर्स एसोसिएशन को निम्नलिखित बातें लिखीं—"आपके पत्र के अंतिम पैरे के संबंध में मैं कहना चाहूँगा कि जब तक एसोसिएशन लेफ्टिनेंट गवर्नर के विचारों को मानने की इच्छा रखती है, साथ ही इस व्यवसाय पर लगे धब्बे से छुटकारा पाना चाहती है, लेफ्टिनेंट गवर्नर की ऐसी कोई मंशा नहीं है कि वे इस व्यवस्था में दखल दें या ऐसा कुछ भी करें जिससे कि प्लांटर्स के व्यवसाय में बाधा उत्पन्न हो। वे केवल इतना चाहते हैं कि कानून का सख्ती से पालन किया जाए और नील की खेती को भी अन्य वाणिज्यिक उद्यम की तरह किया जाए तथा इस व्यवसाय में बार-बार शिकायत की जो वारदात होती है, उसे खत्म किया जाए।"

17 दिसंबर, 1877 को बंगाल सरकार के सचिव ने लिखा कि लेफ्टिनेंट गवर्नर की कारखाई को न्यायसंगत मानते हुए महामहिम वायसराय ने उसे अनुमोदित कर दिया है। महामहिम ने प्रमुख प्लांटर्स के द्वारा सुधार की दिशा में किए जा रहे प्रयासों को प्रशंसायोग्य माना है तथा लेफ्टिनेंट गवर्नर के इस दिशा में संतोषजनक भाव से भी सहमत होने की कृपा की है।

15 मई, 1878 को मि. (जो अब सर हैं) हडसन को एसोसिएशन का सचिव नियुक्त किया गया तत्पश्चात् एसोसिएशन एक मान्यता प्राप्त इकाई बन गई।

विभिन्न जिलों की समितियों ने रैयतों एवं प्लांटर्स के द्वारा दर्ज कराई गई शिकायतों की जाँच की तथा इस दिशा में प्रगति करते हुए मामलों का निष्पादन कर दिया गया।

बिहार के प्लांटर्स के लिए यह सौभाग्य की बात थी कि उसे गवर्नर जनरल के रूप में एक ऐसा व्यक्ति मिला था जिसे ऐसी समस्याओं से मुक्ति पाने का अनुभव था। बंगाल के निचले भाग में प्लांटर्स द्वारा जब समस्याएँ खड़ी की गईं तो उसके परिणाम विनाशकारी हुए तथा बंगाल सरकार को प्लांटर्स और रैयतों के बीच-बचाव में आना पड़ा था।

अपने अनुभव के आधार पर महामहिम ने अप्रिय घटनाओं को रोकने के उद्देश्य से प्रमुख प्लांटर्स से सीधी बात की और उन्हें खुशी है कि इस प्रयोजनार्थ उन्होंने खुले दिमागवाले दो व्यक्तियों मि. फ्रेजर और मि. टूमे का चयन किया।

जिले में इन दो व्यक्तियों के एहसान के लोग ऋणी हैं।

कुछ प्लांटर्स ने मुझसे सुझाव माँगा है कि 1845-50 में चीनी उद्योग बिहार में क्यों असफल हो गया? मुझसे इस पर भी अपना मत देने को कहा गया है कि यदि बिहार में उन्नत पद्धति से खेती और उत्पादन किया तो चीनी उद्योग के एक फायदेमंद उद्योग के रूप में क्या संभावनाएँ हैं? तिरहुत में चीनी उत्पादन के प्रारंभिक वर्षों के आधार पर चीनी उद्योग के संबंध में मेरे अनुभव सकारात्मक नहीं हैं। इस कारण इस उद्योग के सफल होने की संभावना मुझे नहीं लगती। अंततः लोगों द्वारा इस उद्योग के त्यागने के कारण भी ऐसा लगता है कि इस संबंध में आम लोगों की भी ऐसी ही धारणा रही होगी। ईख के उत्पादन में उन दिनों जो त्रुटियाँ थीं, उसकी समीक्षा के बाद मेरे विचार में परिवर्तन हुआ है।

मॉरिशस में कम दिनों के अनुभव के आधार पर मैं ईख की खेती के संबंध में किसी प्रकार की सलाह देने की स्थिति में नहीं हूँ। वहाँ एक ही भूमि पर साल-दर-साल ईख की खेती की जाती थी एवं वहाँ बारी-बारी से कभी-कभार ही फसल बदली जाती थी। ईख उत्पादन का सबसे अच्छा परिणाम वहाँ की 'वर्जिन लैंड' में होता था, जंगल काटकर जो भूमि कृषि योग्य बनती थी, वह 'वर्जिन लैंड' होती थी। इस तरह की

भूमि से औसत उत्पादन 8,000 पौंड प्रति एकड़ होता था।

बिहार की मिट्टी हल्की होती है जिसके कारण ईख की खेती से इस मिट्टी का क्षरण होता है। तिरहुत में बागमती नदी के उत्तर की भूमि की मिट्टी कड़ी है, जो ईख उत्पादन के लिए अच्छी होती है, लेकिन यहाँ का क्षेत्र बाढ़ से भर जाता है। 1845-50 में खाद का प्रयोग बहुत ही कम या बिल्कुल ही नहीं किया जाता था। अधिकतर फैक्टरियाँ नील के साथ-साथ ईख का भी उत्पादन करती थीं, लेकिन इनके उत्पादन से जो अवशेष फैक्टरियों में निकलते थे, उनका खाद के रूप में इस्तेमाल नहीं किया जाता था। उन दिनों साल्टपीटर बहुत ही लाभदायक उद्योग था। इन्हीं साल्टपीटर की फैक्टरियों में उन अवशेषों का इस्तेमाल ईंधन के तौर पर किया जाता था। जिन लोगों ने चीनी उद्योग शुरू किया था, उन्हें यह जानकारी नहीं थी कि उद्योग की सफलता के लिए किन-किन चीजों की आवश्यकता है। वे केवल इतना जानते थे कि टॉम, डिक या हैरी ने कुछ बीघा जमीन में ईख लगाई है। उन लोगों ने कभी इस बात पर विचार नहीं किया कि भूमि के ये बीघे सबसे अच्छी और उपजाऊ भूमि के छोटे टुकड़े थे। उन्हें भूमि के इन टुकड़ों से बड़ी मात्रा में चीनी प्राप्त होती थी। उन लोगों ने गणना की कि यदि इस चीनी को कलकत्ता ले जाकर बेचा जाएगा तो इससे उनके भाग्य सँवर जाएँगे। इसके क्या परिणाम निकले? खाद की कमी एवं जमीन बदले जाने के कारण उत्पादन प्रतिवर्ष 60 मन प्रति बीघा से घटकर $2^1/_2$ मन प्रति बीघा हो गया। परिरक्षित (Processing) कर चीनी को दानेदार बनाया जाता था। तैयार चीनी को बोरे में बंद किया जाता था। बंद बोरे में चीनी के दाने एक-दूसरे से चिपक ढेर के रूप में जम जाते थे। परिणामस्वरूप ऐसी चीनी को लोग खरीदना नहीं चाहते और इसे कलकत्ता में कौड़ियों के भाव बेचना पड़ता था। बंद बोरे में चीनी की ऐसी स्थिति आबोहवा के कारण होती थी या फिर ईख को कम खौलाने के कारण—इसे कोई

समझ नहीं पाया। चीनी एक साफ–सुथरे अनाज के दाने के रूप में नहीं दिखती थी। महँगी मशीन एवं प्लांट लगाने विशेषकर ओपन पैन लगाने में फैक्टरियों को बहुत खर्च करना पड़ता था। मि. रॉबिन्सन, जो एक इंजीनियर थे और जिन्होंने मॉरिशस में स्वयं द्वारा निर्मित मशीन एवं बॉयलिंग प्लांट लगाए थे तथा वे चीनी उद्योग के एक विशेषज्ञ माने जाते थे, लेकिन बिहार में ईख की सफल खेती कैसे की जाए, इस संबंध में उन्हें कम जानकारी थी। तिरहुत की एक फैक्टरी ने वैक्यूम पैन लगाया था एवं इस फैक्टरी से अपेक्षित किस्म की चीनी का उत्पादन होता था जो काशीपुर नं. 1 में बिकनेवाली चीनी के जैसी ही अच्छी किस्म की होती थी। यद्यपि वैक्यूम पैन के लग जाने से फैक्टरियाँ अच्छी किस्म की चीनी उर ादित करती थीं, लेकिन भूमि की शक्ति का क्षरण होने के कारण ईख का उत्पादन लगभग शून्य हो गया। फलतः चीनी फैक्टरियाँ बंद हो गईं। निःसंदेह बिहार में ईख की फसल अच्छी होती है। मैंने 1793 और उसके पूर्व के प्रलेखों (Documents) में पाया है कि तिरहुत में जितनी भी नील की पुरानी फैक्टरी हैं वे सभी नील के साथ चीनी और सल्टपीटर का भी उत्पादन करती थीं। बिहार के कुछ भाग में ईख का उत्पादन दूसरे भाग की अपेक्षा अधिक होता है। 1849–50 के बाद चीनी उद्योग के परित्याग का कारण यह था कि नील की कीमतें उन दिनों बढ़ रही थीं तथा नील से निर्मित रंग ऊँची कीमत पर बिक रहे थे, ऐसी स्थिति में लोग चीनी उद्योग के लिए माथापच्ची करना नहीं चाहते थे। 1845 ई. में चीनी उद्योग की जब शुरुआत हुई थी, उससे पूर्व नील की कीमत में भारी गिरावट आ गई थी और कुछ जगहों पर सबसे अच्छी किस्म के नील 110 रुपए प्रति मन बिक रहे थे। मैंने 1837 ई. का एक दस्तावेज देखा है जिसमें किसी बैठक के मिनट्स लिखे गए हैं। इसमें उल्लेख है कि यह सुनिश्चित किया जाए कि नील व्यवसाय का परित्याग नहीं करना है चाहे इसकी कीमत कम ही क्यों न हो। कीमत कम होने

का कारण अधिक उत्पादन माना गया। एनीलीन डाई बनने और उसके बाद सिंथेटिक रंग आने के कारण नील की कीमत कम हो गई थी। लोगों की समझ में अब यह आ गया है कि नील की कीमतें जब बढ़ी हुई थीं तो उसी कारण चीनी उद्योग असफल हो गया था।

साधारण खेतिहर अपने बैलों के चारे के लिए कुछ बीघों में ईख लगाया करते थे। खेती के अपने इसी अनुभव के आधार पर उन्होंने पाया कि जिस खेत में ईख लगाया जाता था, उस खेत में नील की भी पैदावार अच्छी होती थी और इसी तरह जिस खेत में नील होता था उसमें ईख की पैदावार भी अच्छी होती थी। इसी आधार पर उनका मानना था कि ईख की खेती भी सफलतापूर्वक की जा सकती है। कुछ अध्ययनों के बाद निष्कर्ष निकाला गया कि नई भूमि पर लाभकारी फसल के रूप में ईख की खेती की जाए। ईख उत्पादन के लिए प्रयुक्त भूमि पर खाद का इस्तेमाल अच्छी तरह करना चाहिए तथा ईख की फसल की जरूरत के लिहाज से आवश्यक सभी तरह की खाद उपलब्ध होनी चाहिए। ईख के लिए अनुकूल भूमि में ही इसकी फसल लगानी चाहिए। नील की सीट्ठी (अवशेष) को खाद के लिए सँभालकर रखना चाहिए तथा बैल के गोबर एवं घोड़े की लीद का भी प्रयोग खाद के रूप में करना चाहिए।

इंडिया डेवलपमेंट कंपनी के द्वारा निर्मित मशीन से उत्तम किस्म की चीनी बन रही है; चीनी उत्पादन में पूर्व में जो कमियाँ थीं, वे अब दूर हो गई हैं। चीनी अच्छी कीमत पर आसानी से बिक जा रही हैं, इससे जो छोआ निकलता है, वह भी आसानी से लाभप्रद कीमत पर बिक जाता है। अब रम के लिए उपयोग में लाने से बेहतर है कि छोआ को ही बेच दिया जाए। दरभंगा के निकट सकरी फैक्टरी में छोआ इतना अधिक पड़ा था कि उसके कारण परेशानी हो रही थी, इंडिया डेवलपमेंट कंपनी ने इन छोओं को आसानी से बेच दिया। मैं समझता हूँ कि जो खेतिहर व्यावहारिक हैं, वे मेरी इन बातों से सहमत होंगे; ईख की बढ़िया फसल

प्राप्त करने के लिए खाद की प्रचुरता होनी चाहिए, खेतों में दो वर्ष के लिए दूसरी फसल लगाने के बाद ही ईख या नील की फसल लगानी चाहिए और पुनः दो वर्षों के लिए खेतों में भारतीय अनाज लगाने के बाद ही ईख की फसल यदि लगाई जाए तो इससे परिणाम अच्छे मिलेंगे। बॉयलिंग प्लांट भी नवीनतम एवं अच्छा होना चाहिए।

चीनी उद्योग यदि विवेकपूर्ण और मितव्ययीपूर्वक काम करे तो ऐसा करके अच्छा और लाभकारी व्यवसाय सुनिश्चित किया जा सकता है।

जैसा कि मैं पूर्व में कह चुका हूँ कि बिहार की मिट्टी न तो वोलकनिक (Volcanic) है और न ही वर्जिन (Virgin) तथा यहाँ की मिट्टी में मॉरिशस की मिट्टी की तरह शक्ति भी नहीं है।

वर्षा की अनिश्चितता एक कमी है, लेकिन अब सिंचाई के लिए नहरें बन रही हैं; सिंचाई के साथ-साथ यदि प्रचुर मात्रा में खाद का उपयोग हो तथा भूमि का चयन सावधानीपूर्वक किया जाए तो ईख की फसल निश्चित रूप से सफल होगी। हम लोगों को इसके लिए अपने दरवाजे पर ही बाजार उपलब्ध है। मैं कह सकता हूँ कि बिहार में जिन लोगों ने भी डेवलपमेंट कंपनी से अलग रहकर चीनी बनाने का काम किया, वे बहुत सुखी हैं। खाद की उपयुक्त मात्रा एवं क्रमिक पद्धति अपनाए जाने से नील के साथ-साथ ईख के उत्पादन में भी बहुत सुधार होगा। इस पद्धति से उत्पादित ईख अच्छी किस्म की होगी तथा नील का रंग भी अच्छा होगा। ये बातें मैं मुख्य रूप से ईख उत्पादकों के हित में लिख रहा हूँ। लेकिन मैं यहाँ यह भी उल्लेख करूँगा कि नटल और जावा के नील बीज के पौधों के परीक्षण से जो परिणाम आए हैं, उससे नील उद्योग के लिए काफी संभावनाएँ बनती हैं। हालाँकि अभी तक ये परीक्षण छोटे स्तर पर किए गए हैं, फिर भी इसके परिणाम संतोषप्रद हैं। इस ऋतु में कुछ फैक्टरियों ने अपेक्षाकृत अधिक क्षेत्र में फसल लगाई, इनमें से कुछ फैक्टरियों में उत्पादन भी शुरू हो गया है और

कुछ प्लांटर्स फसल की आमद की प्रतीक्षा में हैं।

चंपारण की फैक्टरियों का इतिहास लिखने के क्रम में वहाँ के कुछ बड़े एवं पुराने प्रतिष्ठानों के संबंध में सूचना प्राप्त करने में मुझे निराशा हुई, फिर भी मुझे उम्मीद है कि मेरी आवश्यकतानुसार जो सूचनाएँ मुझे प्राप्त होंगी, उन्हें मैं बाद में जोड़ दूँगा।

मेरे एक मित्र ने विलंब से कुछ जानकारी दी है जिसे मैं यहाँ लिख रहा हूँ। यह भारत के प्रथम नील प्लांटर स्व. मोनसीयर लुईस बोनार्ड (Monsieur Louis Bonnard) का जीवनवृत्त है जिसे एच. जेम्स रेनी ने लिखा है और बोनार्ड के एकमात्र जीवित पुत्र को समर्पित किया है।

इस जीवनवृत्त से नील और उसके उत्पादन संबंधी तथ्यों की जानकारी मिलेगी जो निश्चित रूप से पाठकों के लिए रुचिकर होगी। यह एक लोकप्रिय धारणा है कि नील का उत्पादन ब्रिटिश शासन आने के कुछ समय बाद शुरू हुआ। मि. जेम्स वेस्टलैंड भी जेसोर (Jessore) जिले की लिखी अपनी बेहतरीन रिपोर्ट में इसी मत से सहमत हैं। वे लिखते हैं कि 1791 ई. की निर्यात सूची में नील का नाम नहीं रहने का निष्कर्ष है कि उस समय नील का उत्पादन नहीं होता था। वे आगे कहते हैं कि इसे भारत में यूरोपियन के द्वारा पहली बार लाया गया।

नील (इंडिगो) के संबंध में कहा जा सकता है कि यह भारतीय देशी पौधा इंडिगोफेरा टीनटोरिया है जिसके संबंध में प्राचीन लैटिन लेखकों को भी जानकारी थी। रोम के प्रकृति विज्ञानियों के भी हम ऋणी हैं जिन्होंने उत्तम और निम्न किस्म के नील को पहचानने की विधि का आविष्कार किया।

सत्रहवीं शताब्दी में नील को जर्मनी में 'द डेभिल्स डाई' कहा गया और एक राजाज्ञा द्वारा इसके इस्तेमाल पर 1654 ई. में रोक लगा दी गई।

अब भारत में नील के संबंध में कुछ जानकारी ली जाए। अब्दुल फाजिल की 'आईने-अकबरी' से हमें जानकारी मिलती है कि गुजरात

में अहमदाबाद के निकट सबसे अच्छी किस्म के नील का उत्पादन होता था। यहाँ से नील का निर्यात नियमित रूप से रम या कन्सटानरीनोपल और अन्य देहाती बाजारों में होता था। इसी स्रोत से जो जानकारी हमें मिली है, उसके अनुसार आगरा के निकट बैना में उत्पादित उत्तम किस्म के नील की कीमत 16 रुपए प्रति मन होती थी।

जर्नल एसोसिएशन 1836 ई. के परिशिष्ट के पृष्ठ सं. 156 पर एक फुट नोट में उल्लेख है कि 1631 ई. में आगरा में ब्रिटेन ने नील की आपूर्ति का एक बड़ा ठेका लिया था। उस समय इसमें घाटा हो गया, क्योंकि परसिया या इंग्लैंड कहीं भी इसकी तत्काल बिक्री नहीं हो पाई।

1863 ई. में बरनियर ने लिखा है कि आगरा के पड़ोस में विशेषकर बैना में नील की खरीद के लिए डच लोग जाते थे, जहाँ बिक्री के लिए बड़ी मात्रा में नील इकट्ठा किया जाता था। शहर से उस स्थान तक जाने में उन्हें दो दिन लगते थे। वर्ष में एक बार वे वहाँ जाते थे और रहने के लिए उन्होंने वहाँ घर भी ले लिया था।

गोनडालपारा में रहने के दौरान मोनसीयर लुईस बोनार्ड का अकेले डकैतों के एक दल से सामना हो गया। ये डकैत कलकत्ता में महरट्टा खाई के आसपास के क्षेत्रों में चोरी-डकैती करते थे। साहस और बुद्धिमानी के बल पर उनकी जिंदगी और संपत्ति दोनों बच गईं। उनमें से एक डकैत मारा गया और अनेक घायल हो गए। सामान्य रूप से जैसा कि इस देश में होता है, घटना हो जाने के बाद छानबीन करने पुलिस आई। ऐसा प्रतीत होता है कि चंद्रनागोड़ के गवर्नर को साहसी नील प्लांटर के प्रति वैमनस्यता का भाव था और उनके लिए यह एक अनुकूल मौका था कि वे मोनसीयर को आघात पहुँचा सकें। उस समय के फ्रेंच कानून के तहत किसी भी यूरोपियन फ्रेंच नागरिक पर आपराधिक कृत्य के लिए इस देश में न तो मुकदमा चलाया जा सकता था और न ही उन्हें सजा दी जा सकती थी। गवर्नर की मंशा थी कि उन पर हत्या

का मुकदमा चलाने के लिए उन्हें फ्रांस भेज दिया जाए। हालाँकि ऐसा करने या मोनसीयर के विरुद्ध अन्य कोई दूसरी काररवाई करने से उन्हें रोका गया। जज, मजिस्ट्रेट और अन्य प्रभावशाली व्यक्ति, जो मोनसीयर के मित्र थे, आगे आए और कहा कि यदि आवश्यकता पड़ी तो वे लोग फ्रांस जाकर मोनसीयर के पक्ष में गवाही देंगे कि यह हत्या का मामला नहीं है वरन् स्वयं के बचाव में किया गया कृत्य है।

ऐसा प्रतीत होता है कि मोनसीयर बोनड चंद्रनागोड़ से मालदा जिले आ गए। यहाँ उनका संपर्क तीन धनवान इंग्लिशमैन से हुआ जिनमें से एक का नाम एडम था। इनके संपर्क में आने के बाद मोनसीयर ने यहाँ एक नील की फैक्टरी स्थापित की। चूँकि यहाँ चूने का अभाव था, इस कारण वे इस स्थान के निकट स्थित मुसलिमों की कब्रगाह से मानव कंकाल निकालकर उससे फैक्टरी के लिए आवश्यक सामग्री तैयार करते थे। चंद्रनागोड़ में अपने हाजी नगर के गार्डन हाउस में रहने के दौरान उन्होंने वहाँ दो फैक्टरी स्थापित की थीं, जो कुछ समय तक बहुत ही समृद्ध स्थिति में रही थीं। दुर्भाग्यवश ये फैक्टरी पूरी तरह जल गईं जिनके कारण इनके मालिक मोनसीयर को काफी क्षति हुई। 1814 ई. में मोनसीयर बाँकीपुर व्यावसायिक प्रतिष्ठान में सम्मिलित हो गए और कुछ समय के लिए वे जेसोर जिले के नयाहट्टी नील प्रतिष्ठान के भी मालिक रहे। अंत में उन्होंने वर्धमान के कलना में अवस्थित नील प्रतिष्ठान के साथ-साथ मिर्जापुर नील फैक्टरी के स्वामित्व का भार उठाया। उन्होंने 1819 ई. में कलना प्रतिष्ठान से अपना नाता तोड़ लिया। उस वर्ष उन्होंने 1400 मन नील का उत्पादन किया था। नील उत्पादन की इतनी बड़ी मात्रा उस समय तक बंगाल की किसी नील फैक्टरी द्वारा उत्पादित नहीं की गई थी। इस फैक्टरी के प्रधान मालिक मि. एडवर्ड मोजरी बैंकस (जो बंगाल सिविल सर्विस में थे) को घोड़े के मैदान में बहुत हानि हुई थी जिससे वे कर्ज में डूब गए थे। इस कर्ज से निजात पाने के लिए

उन्होंने फैक्टरी को मेसर्स फेयरली फर्ग्यूसन एंड कंपनी के हाथों गिरवी रख दिया। इस कारण मोनसीयर, जो फैक्टरी के कुछ अंश के मालिक थे, को हानि, चिंता और परेशानी झेलनी पड़ी।

ऐसा कहा जाता है कि इसी दुर्भाग्य के कारण उनकी मृत्यु 1821 ई. में 84 वर्ष की आयु में हो गई। वे अपने पीछे अपनी दूसरी शादी से पैदा हुए दो पुत्रों को छोड़ गए। बड़े पुत्र का नाम विलियम बोनार्ड है, जो बहुत समय तक यूनियन बैंक के मुख्य लेखपाल थे। छोटे पुत्र मि. पीटर कलकत्ता में कस्टम के असिस्टेंट कलेक्टर के पद पर कुछ समय तक रहे और उनकी मृत्यु 1873 में हो गई। उनकी माँ मैडम लुईस बोनार्ड की मृत्यु 1860 में 93 वर्ष की आयु में हुई।

'रिपोर्ट ऑफ द प्रोसीडिंग ऑफ द ईस्ट इंडिया कंपनी, इन रिगार्ड टू द कल्चर एंड मैन्यूफैक्चर ऑफ इंडिगो' में कहा गया है कि इस देश के साथ व्यापार करने की प्रथम शताब्दी में यह आयात की जानेवाली वस्तुओं में से एक लोकप्रिय वस्तु थी। इसे ध्यान में रखते हुए कंपनी के निदेशकों ने 1779–80 में नील की मात्रा बढ़ाने एवं इसकी किस्म में सुधार करने के सभी प्रयत्न किए और इस प्रयोजनार्थ उन्होंने मि. जेम्स प्रिंसेप से एक करार भी किया। 25 जनवरी, 1780 को मि. प्रिंसेप ने लॉर्ड नॉर्थ को पत्र लिखकर कहा कि वे इस्ट इंडिया के नील, चीनी और तंबाकू को ग्रेट ब्रिटेन लाना चाहते हैं।

ऊपर के तथ्य के आधार पर यह स्वीकार करने योग्य है कि भारत में नील का उत्पादन प्राचीन समय से हो रहा था। फिर भी इसमें कोई संदेह नहीं है कि वेस्ट इंडीज में नील उत्पादन की जो विधि प्रचलित थी, उस विधि को ही इस देश में भी ब्रिटिश सरकार की स्थापना के बाद यूरोपियन ने अपनाया। इससे पूर्व उन लोगों का प्लांटर या उत्पादक के रूप में नील से कोई संबंध नहीं था।

नील प्लांटिंग पर किया गया एक काम 1835 में प्रकाशित हुआ था,

(जो अब आउट ऑफ प्रिंट है) उसके लेखक मि. जॉन फीप्पस थे। इसमें वे लिखते हैं कि भारत में प्रथम यूरोपियन नील प्लांटर स्व. मानसीयर लुईस बोनार्ड थे। निःसंदेह भारत में इस महान् उद्योग को लानेवाले की जिंदगी के ब्योरे को जानना सभी के लिए रोचक होगा, विशेषकर नील प्लांटर्स के लिए दिलचस्प होगा। उनके बड़े एवं एकमात्र जीवित पुत्र के द्वारा मुहैया कराए गए नोट्स के आधार पर जो जानकारियाँ एकत्र की गई हैं, उनको कथनात्मक रूप में एक साथ रखने का हमने जोखिम भरा काम किया है। उनके पुत्र की उम्र 75 वर्ष की हो गई है और भारत के प्रथम यूरोपियन प्लांटर के पुत्र होने पर उन्हें गर्व है। उनके जीवन चित्र को मि. विलियम बोनार्ड के नाम समर्पित करने का हमने निर्णय लिया है। वे इसके हकदार भी हैं, क्योंकि उन्होंने हमें जो सामग्री उपलब्ध कराई, उसके आधार पर ही इस जीवन चित्र को लिखा जा सका।

ऐसा प्रतीत होता है कि लुईस बोनार्ड एक अच्छे फ्रेंच परिवार के वंशज थे। उनकी जन्मतिथि के संबंध में अनिश्चितता है, लेकिन संभवतः उनका जन्म 1737 में मार्सेल्स (Marselles) में हुआ था, जहाँ उनके माता-पिता रहते थे और वहीं पर उनकी माता का भी जन्म हुआ था। उनके पिता फ्रेंच आर्मी में ऑफिसर थे। उन्होंने अपनी अनेक संतानों की देखभाल करने के लिए उन्हें अपनी पत्नी के हवाले कर दुनिया से विदा ले ली। उनके दो पुत्र और दो या तीन पुत्रियाँ थीं। उनके बड़े पुत्र फ्रेंकोईस समुद्री बेड़े में काम करते हुए फ्रेंच समुद्री बेड़े के मुख्य ऑफिसर के पद तक पहुँचे; उनके दूसरे छोटे पुत्र लुईस, जो अपनी माँ मैडम बोनार्ड के कहे में न रहकर दूसरे उत्साही लड़कों जैसे कम उम्र में ही समुद्री जहाज में प्रशिक्षु बन गए। वे उसी जहाज में मिड शिपमैन के रूप में काम करने लगे जिसमें उसके बड़े भाई द्वितीय कमांड ऑफिसर थे। उन दोनों भाइयों ने दुनिया के अनेक भागों में साथ-साथ यात्राएँ कीं।

समुद्री यात्रा के दौरान एक बार उनका जहाज वेस्टइंडीज में भयानक तूफान में फँसकर डूब गया। उस जहाज के कुछ भाग्यशाली ऑफिसर और क्रू सदस्य समुद्र के किनारे सुरक्षित पहुँच गए। सुरक्षित पहुँचनेवालों में जहाज का कैप्टन तथा मिड शिपमैन लुईस बोनार्ड भी शामिल थे। जब लुईस और फ्रेंकोईस दोनों भाई जान बचाने के लिए तैर रहे थे तो लुईस ने फ्रेंकोईस को मदद की गुहार लगाते दो बार सुना। लेकिन लुईस उनकी मदद कर पाने में असमर्थ थे, इस प्रकार फ्रेंकोईस का डूबने से देहांत हो गया।

तूफान में डूबे जहाज के जिंदा बचे कर्मियों की देखभाल वहाँ के निवासियों ने दयालुतापूर्वक की। वहाँ कुछ समय रुकने के बाद युवा मिड शिपमैन लुईस अपने पैतृक देश लौट गए। लौटने के बाद उन्होंने कुछ समुद्री यात्राएँ कीं। समुद्री यात्रा की थकानभरी जिंदगी से ऊबकर उन्होंने नौकरी छोड़ दी और वेस्टइंडीज चले गए। वहाँ उन्होंने व्यापार में मुनाफा कमाना सीखा। उनके पास बचत का जो थोड़ा-बहुत धन था, उसे उन्होंने व्यापार और सट्टे में लगाया। यहाँ उन्होंने उत्पादित नील के प्रसंस्करण की भी शुरुआत की। इसमें उन्हें सफलता मिली और हर मुश्किल के बावजूद उन्होंने बहुत ही कम समय में बड़ी मात्रा में धन संचय कर अपने भाग्य को बदल डाला।

उसके बाद कुछ कारणवश, जो उनके पुत्र को ज्ञात नहीं हैं, संभवतः समुद्री जहाज में काम करने की थकान के कारण तथा पेशे में बदलाव की चाहत के कारण, जो स्वाभाविक रूप से समुद्री बेड़े पर काम करनेवाले सभी लोगों को होता है, (अपनी माँ की मृत्यु के अवसर पर मार्सेल्स जाकर उन्होंने देख लिया था कि बहनों का विवाह हो चुका था और वे अपने-अपने घरों में सुखपूर्वक रह रही थीं) वे अपना निवास पश्चिमी गोलार्ध से पूर्वी गोलार्ध की ओर ले आए और बर्नवन के द्वीप में व्यापार के पेशे को अपनाकर बस गए। उन्होंने यहाँ अनेक व्यापारिक फर्मों की

स्थापना की तथा एक आलीशान घर 'मैंसन रूज' के नाम से बनाया। यह घर विगत तीस वर्षों से यहाँ है। कुछ समय तक उनकी वाणिज्यिक गतिविधियाँ अत्यधिक सफल रहीं और एक समय ऐसा आया जब वे अकूत संपत्ति के मालिक बन गए। लेकिन दुर्भाग्य ने उन्हें घेर लिया। महँगे सामानों से लदे उनके तीन जहाज बर्नवन से फ्रांस जाते हुए रास्ते में ही डूब गए। इन तीन जहाजों का उन्होंने बीमा नहीं कराया था, फलतः उन्हें बहुत क्षति हुई जिसने उन्हें एक गरीब आदमी बना दिया। इस समय उन्होंने द्वीप छोड़ बंगाल आने का निश्चय किया। नील के उत्पादन की जो जानकारी उन्होंने वेस्टइंडीज में हासिल की थी, उसी के सहारे बंगाल आकर अपने भाग्य को बदलने का उन्होंने निश्चय किया। इस तरह हम पाते हैं कि लुईस बोनार्ड ने 1777 या उसके आसपास बंगाल आकर चंद्रनागोड़ में अपना निवास बनाया।

यहाँ आने के तुरंत बाद हुगली जिले के तलडंगा में उन्होंने एक घर ले लिया तथा यहीं नील की एक फैक्टरी स्थापित की।

यह स्थान चंद्रनागोड़ की उत्तर दिशा में अवस्थित है। वहाँ से हुगली जाने के लिए दाहिनी ओर या पूर्व दिशा की ओर सड़क जाती है। उन्होंने पाया कि यहाँ बड़े स्तर पर भूमि उपलब्ध नहीं हो सकती और यह स्थान नदी से भी दूर है। इस कारण गोंडोलपारा में एक बड़ी भूमि उन्होंने लीज पर ले ली, जो हुगली नदी के तट पर चंद्रनागोड़ से दक्षिण दिशा में तेलनीपारा के निकट थी। यहाँ उन्होंने दो छोटे मैट्स और एक प्रेस हाउस बनाया। फैक्टरी में जाने के लिए चौड़ी सड़क थी जिसके दोनों ओर खूबसूरत बांकुल के वृक्ष लगे थे, जो अब खत्म हो गए हैं। तलडंगा और गोंडलपारा की फैक्टरियों के निर्माण स्थल का अस्तित्व अभी भी शेष है।

□

चंपारण की फैक्टरियाँ

बराह (Barrah M. and H.B.)

जैसा कि स्थानीय निवासी बताते हैं, बराह फैक्टरी की स्थापना मि. स्टीवर्ट ने 1820 ई. के लगभग की थी। मि. एम. मोरन ने इसे मि. स्टीवर्ट से खरीद लिया। राजपुर फैक्टरी के मालिक हेनरी हिल ने अपनी राजपुर की फैक्टरी बेचकर मि. मोरन से फैक्टरी की कुछ हिस्सेदारी खरीद ली। किसी की समझ से यह परे है कि राजपुर की इतनी अच्छी फैक्टरी बेचकर मि. हेनरी ने बराह फैक्टरी की कुछ हिस्सेदारी क्यों ली। इस फैक्टरी के जितने मैनेजर के नामों को मैं ढूँढ़ पाया हूँ, वे निम्नलिखित हैं—मि. स्टीवर्ट, मोरन हेनरी हिल, कैप्टन हिक्की, हेनरी हिल, जोसफ हिल, एच.एल. हूलवे, ए. एस. अरक्वाहर्ट (दिसंबर 1857 से सितंबर 1858), डब्ल्यू. गिब्बोन (अक्तूबर 1859 से 31 जनवरी, 1865), एच.एल. हूलवे (1 फरवरी, 1865 से 28 फरवरी, 1865), सी.डब्ल्यू. डायर (मार्च 1865 से जून 1865), बी.एस. हिक्की (जून 1865 से जून 1866), जे.एन. मैक्वीन (जून 1866 से जून 1871), जेम्स बेग (4 जून, 1871 से 31 अक्तूबर, 1872), एफ.जे. निकोले (नवंबर 1872 से अक्तूबर 1874), जेम्स बेग (नवंबर 1874), डब्ल्यू. स्कोबी (नवंबर 1874 से फरवरी 1875), जे. बेग (फरवरी 1875 से मार्च 1876), ई.ए. हिक्की (मार्च 1876 से मई 1877), जे.एच. डिक्सन (मई 1877 से मार्च

1878), ए.डी. वाल्टन (मार्च 1878 से अक्तूबर 1879), ई.ए. हिक्की (नवंबर 1879 से दिसंबर 1880), जॉन. सी. गेल (दिसंबर 1880 से मार्च 1892), डी.आर. क्राफोर्ड (मार्च 1892 से मार्च 1895), जी.एच. डी. हे (मार्च 1895 से दिसंबर 1895), डी.आर. क्राफोर्ड (दिसंबर 1895 से नवंबर 1903), जी.आर. मैकडोनाल्ड (नवंबर 1903 से अभी तक)।

इसकी सहायक/संबद्ध फैक्टरियाँ निम्नलिखित थीं—जगोलिया, 1848 में स्थापित। मोहोवाह की स्थापना जॉन. सी. गेल ने 1881-82 में की। ग्वानदराह की स्थापना 1882-83 में गेल ने की। रसलपुर की स्थापना डी.आर. क्राफोर्ड ने 1892-93 में की। स्टीवर्ट ने इस फैक्टरी को एम. मोरन के हाथ बेचा और मोरन ने इसे हेनरी हिल तथा जेम्स हिल को बेच. दिया। हेनरी हिल ने इसे 1896-97 में डी.आर. क्राफोर्ड एवं अन्य के हाथ बेच दिया।

बराह में निम्नलिखित कब्रें पाई गई हैं—मिसेज वीफेन, 27 नवंबर, 1843, की पवित्र स्मृति में, हेनरी हिल यंग 1849 हेनरी लीडबीटर की पत्नी हाना अलादीन, 6 मई, 1867, जॉन चेरी गेल की पत्नी जुलियन मैकलेन नवंबर 1888, सी.डब्ल्यू. डायर, तिथि अस्पष्ट और अन्य लोगों की कब्र हाल के दिनों की हैं। 40 वर्षों से काम कर रहे राजपुर प्रतिष्ठान के मुंशी ने इस प्रकार लिखा है—मैंने सुना था जिसे बाद में देखा भी कि एक फिंच ने इसका मुकर्ररी लिया था और वहाँ उसने कुछ वर्षों तक काम भी किया और उसके बाद इसे हिल के नाम कर दिया, संभवतः ये जोसफ एवं जेम्स हिल के पिता थे। मैंने सुना था कि दोनों हिल का जन्म राजपुर में हुआ था, कुछ समय बाद इस फैक्टरी का स्वामित्व बेल को मिल गया। इनमें से एक हिल तरकोलिया में रह गए जबकि दूसरे सीराहा में। जहाँ तक मुझे याद है, मैंने शिव बाबू से सुना था कि पुराने समय में बराह की फैक्टरी सीराहा की फैक्टरी पर निर्भर थी, जो हिल परिवार की संपत्ति थी।

आम लोगों के बीच यह चर्चा होती है कि दो धनाढ्य कंपनियों ने चंपारण और तिरहुत में नील का व्यवसाय शुरू किया। इनमें से एक नोएल एंड कंपनी तथा दूसरी प्रतिद्वंद्वी मैककेलप स्टीवर्ट एंड कंपनी थी। इन्होंने साल्टपीटर एवं ईख का भी उत्पादन शुरू किया था।

नोएल एंड कंपनी ने अपने तेईस बड़े व्यावसायिक प्रतिष्ठानों के साथ अपना मुख्यालय काँटी में बनाया जबकि मैककेलप स्टीवर्ट एंड कंपनी ने अपना मुख्यालय ब्रह्मपुर में बनाया, जहाँ उन्होंने एक बहुत बड़ा गोला भी स्थापित किया।

बराह का यह इतिहास यद्यपि प्रामाणिक नहीं है, फिर भी वहाँ की घटनाओं की झलक हमें मिलती है। कैप्टन बेचर और फाल्कनर के बीच मतभेद थे जिसके कारण दोनों का झगड़ा था। मुजफ्फरपुर के मजिस्ट्रेट के सामने जब कैप्टन बेचर ने फाल्कनर की शिकायत की तो मजिस्ट्रेट ने कहा कि आप शपथपूर्वक बोलें कि आपको फाल्कनर से शारीरिक तौर पर भय है। कैप्टन बेचर क्रोधित हो गए और कहा—"क्या! कैप्टन बेचर को किसी आदमी से भय होगा, नहीं सर, कभी नहीं।" इसके बाद मजिस्ट्रेट ने उनकी शिकायत पर कुछ नहीं किया, फलस्वरूप दोनों के बीच का झगड़ा स्वाभाविक ढंग से खत्म हो गया।

बैरिया (Byreah H.W.H.B.)

बैरिया की फैक्टरी की स्थापना 1884 में सी.एफ. कार्लटन ने की थी। इसके मैनेजर निम्नलिखित व्यक्ति थे—1884-1890 सी.एफ. कार्लटन, 1890-1891 ह्यूम, 1891-1893 सी.एफ. कार्लटन 1893 में इस फैक्टरी को एच. हडसन को बेच दिया गया और 1897 तक एच.डब्ल्यू. हडसन इसके मैनेजर रहे। उसके बाद डब्ल्यू. कौक्स ने 1899 तक इस फैक्टरी का प्रबंधन किया और तत्पश्चात् एच.ई. हडसन

ने 1901 तक प्रबंधन कार्य किया। 1901 से मैक्के तथा 1905 से एच.ई. हडसन इस फैक्टरी के मैनेजर बने। ढकराहा और मझौलिया फैक्टरी जे.एफ.जी.टी. बाखले और जे. बार्कले के स्वामित्व में थीं जबकि आर. याट ली इसके मैनेजर थे।

कूरियाह (Kooriah MCD and F)

कूरियाह फैक्टरी की स्थापना एच. डब्ल्यू. फ्रीमैन ने 1884 ई. में की थी। इस फैक्टरी का प्रबंधन फ्रीमैन ने मृत्युपर्यंत किया और मृत्यु के बाद उन्हें मोतीहारी में दफनाया गया। उनकी मृत्यु के बाद कूरियाह फैक्टरी लौरिया की संबद्ध फैक्टरी हो गई। कुछ समय पश्चात् पुनः यह एक स्वतंत्र इकाई हो गई और इसे जे. लोवीस ने खरीद लिया। जे. लोवीस जब बेतिया राज के मैनेजर नियुक्त हो गए तो उन्होंने इस फैक्टरी को एलियट के हाथों बेच दिया और ए. एलियट ने इसका प्रबंधन अपने जिम्मे ले लिया। हरदिया फैक्टरी की स्थापना जार्ज बाउल ने की।

इस फैक्टरी की स्थापना 1862 में की गई। 1885 तक हरदिया फैक्टरी मूरला की सहायक थी। टी.एम. गिब्बन ने तितराह फैक्टरी की अपने चार आने की हिस्सेदारी मूरला फैक्टरी के मैकक्विन की चार आने की हिस्सेदारी से अदला-बदली कर 1873 में मूरला फैक्टरी के 16 आने के मालिक बन गए। कुछ समय बाद लेथब्रीज बंधुओं ने मूरला फैक्टरी की चार आना हिस्सेदारी खरीद ली। 1885 में उन लोगों ने अपने चार आने की हिस्सेदारी टी.एम. गिब्बन के 12 आने की हिस्सेदारी से अलग कर ली, वे हरदिया की फैक्टरी में बतौर असिस्टेंट काम करते रहे। इसके पश्चात् मैंसफील्ड, गाडफ्रे, फ्रीमैन, एच. थोरपे और उसके बाद एफ. ब्लीके करीब दस वर्षों तक इसके मैनेजर रहे। 1885 के बाद इस फैक्टरी का प्रबंधन एच. थारपे ने किया, लेकिन उन्होंने एक महीने बाद ही इस्तीफा दे दिया। उनके इस्तीफे के बाद एफ.ए. हडसन ने इसकी जिम्मेदारी ली और

इस फैक्टरी का उन्होंने चार वर्षों तक प्रबंधन किया। एच. थारपे ने पुनः फैक्टरी का प्रभार ले लिया और नौ महीने की अवधि को छोड़कर उन्होंने 1890–91 से 1896 ई. तक यहाँ का काम किया। इस अवधि के मध्य नौ महीनों के लिए इस फैक्टरी की जिम्मेदारी एच. हूले के कंधों पर थी।

इन सबसे अनेक वर्ष पूर्व इस प्रतिष्ठान को रोलांड आर. हडसन ने अधिगृहीत कर लिया था और इसके आधे हिस्से को 1895 में मेसर्स जे.एफ. बार्कले को बेच दिया था, जिसे उन्होंने पुनः आर. हडसन को बेच दिया। 1896 से एफ.डी. फ्लेचर इसके मैनेजर रहे हैं। वर्तमान प्रबंधन में इस प्रतिष्ठान के परिणाम संतोषजनक हैं। यह प्रतिष्ठान नेपाल की सीमा से 3 मील की दूरी पर अवस्थित है। यहाँ मुख्यतः धान की खेती होती है। हरदिया में एक भी कब्र नहीं है।

लौरिया (Lohereah MCD and F.)

लौरिया की फैक्टरी हाल के दिनों की है। इसकी स्थापना बगहा के ब्रुक ने 1859 या 1860 में की। उन्होंने कुछ वर्षों तक इस फैक्टरी को चलाया और उसके बाद इसे ए.ई. मैकडोनाल्ड और डब्ल्यू.एल. फ्रीमैन के हाथों बेच दिया। मैकडोनाल्ड ने इस फैक्टरी को 1875 तक चलाया और उसके बाद उन्होंने अपनी हिस्सेदारी डब्ल्यू.एल. फ्रीमैन को बेचकर देश छोड़ दिया। फ्रीमैन ने फैक्टरी की जिम्मेदारी 1877 तक सँभाली। एच. फ्रेजर ने फ्रीमैन की हिस्सेदारी खरीद ली और उन्होंने 1892 ई. तक इस फैक्टरी को चलाया और घर लौट गए। फ्रेजर के फैक्टरी छोड़ने के बाद जे. बार्कले ने फ्रीमैन से उनकी हिस्सेदारी खरीद ली और इस फैक्टरी को 1902 ई. तक चलाया। उसके बाद वे अपने घर चले गए। उनके घर जाने के बाद एच. फ्रेजर ने इस फैक्टरी का स्वामित्व पुनः प्राप्त कर लिया और इसे अभी तक चला रहे हैं। लौरिया में एक भी कब्र नहीं है।

मूरला (Moorla T.M.G.)

मूरला फैक्टरी की स्थापना टी.ए. गिब्बन, एच.एल. हूले और डब्ल्यू.एफ. गिब्बन ने 1864-65 में की थी। निम्नलिखित व्यक्ति इस फैक्टरी के मैनेजर हुए—1864 से 1867 जी. बाउल, 1867 से 1872 लेथब्रीज, 1875 तक आर. लेथब्रीज, एडवर्ड, एच. थारपे, ए.ई. मैकडोनाल्ड। 1891 में इसका प्रबंधन स्थानीय अमले के हाथ में था और 1892 से 1905 तक फैक्टरी की जिम्मेदारी ए.एल. हरमैन के हाथ थी। मूरला में एक भी कब्र नहीं है।

मोतिहारी मोरन (Motihari Moran)

मोतिहारी की फैक्टरी सी. मोरन ने 1817 ई. में स्थापित की। इसकी संबद्ध फैक्टरियों सुगाँव एवं मीरपुर की स्थापना संबंधी कोई रिकॉर्ड उपलब्ध नहीं है। पूरनाही की स्थापना बाल्डवीन ने 1859 में तथा भेलवा की स्थापना 1861 में की। एडवर्ड ने हराज और चेहिया फैक्टरी की स्थापना क्रमशः 1863 और 1890 में की। इसके मैनेजर निम्नलिखित व्यक्ति हुए—1871 में चार्ल्स मोरन तथा उनके बाद डब्ल्यू. मोरन, गील। तत्पश्चात् 1858 से 1870 तक बाल्डवीन इस फैक्टरी के मैनेजर हुए। उनके बाद सी. मोरन कुछ महीने तक मैनेजर हुए और उनका निधन हो गया। उनके बाद 1872 में एडवर्ड आए, जो 1891 तक रहे। उनके बाद ई. थारपे 1892 से 1894 तक इस फैक्टरी के मैनेजर रहे। उनके बाद 1895 से 1897 तक मिलर मैनेजर के पद पर रहे और उनके बाद डब्ल्यू.एस. इरविन ने मैनेजर का पद सँभाला और वर्तमान में भी वही मैनेजर हैं। मोतीहारी का प्रतिष्ठान मूल रूप से मेसर्स मोरन और हील के स्वामित्व में था, लेकिन साठ के दशक के प्रारंभ में होअर मिलर एंड क. के मि. मिलर ने इस फैक्टरी की छह

आने हिस्सेदारी खरीद ली। मोतिहारी फैक्टरी के परिसर में चार्ल्स मोरन की स्मृति में एक कब्र है, जिनकी मृत्यु 1851 में हुई थी। सुगाँव की फैक्टरी के गार्डन में मिस मेरी मार्टिनडेल की स्मृति में एक कब्र है, जिनकी मृत्यु 4 सितंबर, 1858 को 53 वर्ष की उम्र में हुई थी, दूसरी कब्र हेनरी फिंच की स्मृति में है, जिनकी मृत्यु 18 अगस्त, 1839 में 30 वर्ष की आयु में हुई थी। मि. जॉन मैकेंजी ने एम. फिंच से मीरपुर फैक्टरी का प्रभार 1840 ई. के लगभग लिया था। मीरपुर की फैक्टरी मोतिहारी प्रतिष्ठान का ही एक भाग था।

मलय (Mullayah D.H.S.M.)

मलय फैक्टरी की स्थापना 1883 में ई. डब्ल्यू. डिक्सन ने की थी, जहाँ 1884 से उत्पादन प्रारंभ हो गया। सिरसीली की संबद्ध फैक्टरी की स्थापना भी डिक्सन ने 1886 में की। डिक्सन ने इस फैक्टरी का प्रबंधन 1880 से 1886 तक किया, इसके बाद हील के अधीन कुछ महीने तक फैक्टरी रही, पुनः डिक्सन जब भारत लौट आए तो उन्होंने फैक्टरी के प्रबंधन का कार्य 1886 से 1888 तक किया। 1889–1890 में सी. हील कुछ दिनों के लिए फैक्टरी के प्रभार में रहे और पुनः डिक्सन 1891–92 में फैक्टरी के मैनेजर बने। उनके पश्चात् एच.ई. कौक्स आए। कौक्स के बाद 1896 में डिक्सन पुनः फैक्टरी के मैनेजर बन गए। 1897 में एच.ई. कौक्स, 1898 में सी.जे. मैक्के, 1899 में एच.ई. कौक्स तथा 1902 से वर्तमान समय तक एच.ई. कौक्स फैक्टरी के मैनेजर हैं।

पीपरा (Peeprah G.N.W.)

पीपरा फैक्टरी की स्थापना डच के द्वारा की गई थी। इसकी स्थापना वर्ष के संबंध में रिकॉर्ड उपलब्ध नहीं है। 1835 से 1838 तक पीपरा

की फैक्टरी एक ग्रुप में थी जिसके अंतर्गत निम्नलिखित फैक्टरियाँ थीं जो मेसर्स नोवल एंड कं. के स्वामित्व में थीं—काँटी, मोतीपुर, दाउदपुर, भीखनपुर, पीपरा, बेलसंड, तेतरिया तथा सिरहा। 1831 में इस प्रतिष्ठान को मेसर्स नोवल एंड कंपनी को बेच दिया गया। उन्होंने फ्लेचर अलेक्जेंडर एंड कंपनी को फैक्टरी गिरवी रख दी और 1854 में अलेक्जेंडर एंड कं. ने पीपरा फैक्टरी जॉर्ज एन. वाइएट के हाथों बेच दी। इस फैक्टरी के मैनेजरों की जितनी सूची मुझे उपलब्ध हुई है, वह निम्नलिखित है—यूल, जी.एन. वाइएट, डांट, मैकेक्वीन, गिब्बन, हडसन, मैकलियोड, ए. डब्ल्यू. वाइएट और वर्तमान में जे.बी. नारमन। इसकी संबद्ध फैक्टरियाँ हैं—दीनामठ, जगहीरा, डेकहा, मधुबन, दबौली। दीनामठ फैक्टरी की स्थापना यूल के असिस्टेंट बेली ने 1812 में की थी; मधुबन की फैक्टरी 1885 में एम.एन. मैकलियोड ने स्थापित की थी; जगहीरा की फैक्टरी बी. एंडरसन के असिस्टेंट डब्ल्यू. डांट ने 1854 में स्थापित की थी तथा दबौली में फैक्टरी की स्थापना 1888 में ए.डब्ल्यू. वाइएट के असिस्टेंट लैंब ऑफ दीनामठ ने की थी।

अनेक सफल व्यक्तियों ने अपना प्रारंभिक प्रशिक्षण पीपरा में लिया था। कुछ मशहूर लोगों के अलावा यहाँ प्रशिक्षण लेनेवाले मैनेजर इस प्रकार थे—गार्डन केनिंग, जो परसा के मालिक हैं तथा चार्ल्स स्टील, जो बेतिया राज के मैनेजर थे, ने भी अपने जीवन की शुरुआत पीपरा में एक असिस्टेंट के रूप में की।

मुझे ऐसा प्रतीत होता है कि पीपरा के नील का मार्क जी.एन.डब्ल्यू. लंदन में तुलनात्मक परीक्षण के लिए दिया गया एक मार्क है। मि. राउसन और उनके स्टाफ ने 1901-02 में पीपरा का चयन प्रयोगात्मक परीक्षण के लिए भी किया था।

परसा (Pursa T.G. and S.)

परसा की फैक्टरी टॉम गिब्बन एवं टॉम लेथब्रिज ने साठ के दशक में किसी समय स्थापित की थी, स्थापना की निश्चित तिथि उपलब्ध नहीं है। फैक्टरी की रूपरेखा ए. बटलर ने तैयार की थी। डकराहा फैक्टरी परसा की एक संबद्ध फैक्टरी थी, जो 1871–72 में लालसरैया के साथ जुड़ गई। परसा की फैक्टरी सर डब्ल्यू.बी. हडसन एवं आर. हडसन बंधुओं को 1872–73 में बेच दी गई। उन्होंने दो संबद्ध फैक्टरियाँ हरपुर और सिरकीया में बनाईं। आर. हडसन ने अपने चार आने की हिस्सेदारी मि. स्कॉट को बेची और सर डब्ल्यू. बी. हडसन ने अपनी हिस्सेदारी एफ.ए. सॉ को बेच दी। मैं समझता हूँ कि उस समय से मि. गार्डन केनिंग, ए. बटलर और डीक्सन इसके मालिक बन गए हैं। परसा फैक्टरी का प्रबंधन कुछ वर्षों तक अच्छे खिलाड़ी रहे आर. हडसन ने किया। उन्होंने इस जगह को खेल के लिए उपयुक्त पाया। उन्होंने काले तीतर और बटेर की उपलब्धता के लिए भी इस स्थान को उपयुक्त माना। उन्होंने सत्तर के दशक में निम्नलिखित विजेताओं को प्रशिक्षण दिया—ब्लैक ईगल कीलमोर, मिस बर्ट्राम, टेलिसमैन, पीकाडीली, अमेटहीस्ट आदि। मैं समझता हूँ कि चूँकि यहाँ की जमीन में ईख की पैदावार सफलतापूर्वक हो सकती है, इसलिए एक चीनी फैक्टरी यहाँ बननेवाली है।

राजपुर (Rajpore T.S. and Co.)

राजपुर की फैक्टरी के संबंध में जितनी जानकारी मैं ले पाया, उसके अनुसार इसकी स्थापना 1801 में मि. जेफरी फिंच ने की थी। उन्होंने इसकी स्थापना एक बंगाली व्यक्ति के साथ मिलकर हिस्सेदारी के आधार पर की थी। जिस जमीन पर फैक्टरी स्थापित है उसका मुकर्ररी पट्टा 2 अक्तूबर, 1807 का है। लेकिन दस्तावेज बताता है कि फैक्टरी की

स्थापना पाँच या छह वर्ष पूर्व में ही की जा चुकी थी। हसैनी, जो इसकी प्रमुख संबद्ध फैक्टरी थी, की स्थापना 1856 में जेम्स स्लेड द्वारा की गई थी। पकरी की स्थापना जियो रिचर्डसन ने 1857 में तथा जमदपुर की स्थापना 1894 में एम.एन. मैकलियोड ने की थी। इस प्रतिष्ठान को हील्स ने जेफरी से खरीदा और हील्स से बॉल ने खरीद लिया। टॉम स्लेड ने भी इसकी कुछ हिस्सेदारी खरीदी। जेम्स स्लेड ने इसका प्रबंधन 1857 तक किया। उनके बाद टॉम स्लेड ने 1860 तक, एच.डब्ल्यू. हडसन ने 1862 तक, ई. हसन ने 1872 तक तथा उनके बाद एफ.ए. शॉ, एवं ई.डी. अरक्वाहर्ट ने इस प्रतिष्ठान का प्रबंधन कार्य देखा। इनके पश्चात् एल. विल्सन, जियो रिचर्डसन, एम.एन. मैकलियोड मैनेजर बने। उनके बाद इस प्रतिष्ठान के मैनेजर ई.एच. हडसन, जूनियर बनाए गए जो अभी वर्तमान में भी कार्यरत हैं। एच.डब्ल्यू. हडसन ने इस फैक्टरी को 1857 में खरीदा था और उनके भाई ई. हडसन ने इसे 1862 में खरीदा। अभी इसका स्वामित्व एच. तथा ई. हडसन बंधुओं के पास है।

सत्ती (Satti S.H.C.)

सत्ती की फैक्टरी सर डब्ल्यू.बी. हडसन ने स्थापित की थी। जिसकी देखभाल कार्लटन ने की और वे लगभग 1874 तक इसके मैनेजर रहे। हडसन ने इसे कफिन और स्टील के हाथों बेच दिया। उन्होंने इसकी एक संबद्ध फैक्टरी बनाई जिसके मालिक ए. बटलर बने। कोरिया फैक्टरी के ही समकालीन यह फैक्टरी भी थी।

सीरहा (Seerha Factory M. & H.S.)

सीरहा का पहला मुकर्ररी पट्टा 1807 का है, जो जॉन टेलर के नाम है। यह मुकर्ररी जॉन टेलर को इस स्थान पर नील की फैक्टरी स्थापित

करने के लिए दिया गया। 1818 में जॉन सिम्स साहब को एक दूसरा मुकर्ररी लीज दिया गया। इसकी एक संबद्ध चीनी फैक्टरी, जो पताही से एक मील की दूरी पर पूरब दिशा में अवस्थित थी, उसके थोड़े-बहुत अवशेष अभी भी विद्यमान हैं। नवादा के निकट इसकी एक दूसरी संबद्ध डच फैक्टरी थी; इन फैक्टरियों का अस्तित्व सीरहा फैक्टरी की स्थापना के पूर्व से है। ऐसा कहा जाता है कि पुरनही के निकट एक छोटी चौकी (Out Post) स्थापित की गई थी, जहाँ एक रेजिमेंट या उसके एक भाग को पदस्थापित किया गया था, लेकिन उसके उस गाँव में दो महीने तक रहने का ही प्रमाण मिलता है। यहाँ पर मात्र एक कब्र किसी अफसर की है। इस कब्र पर किसी की पहचान अंकित नहीं है। पुरनही की स्थापना एडवर्ड ने 1856-57 में की थी। यहाँ के रीति-रिवाज से लगता है कि प्रथम नेपाल युद्ध के दौरान लाइन टोला छोड़सरी नामक स्थान पर रेजिमेंट की दो टुकड़ियाँ पदस्थापित थीं। सीरहा की संबद्ध फैक्टरियाँ निम्नलिखित थीं—परेवा, पुदमकेर, पताही, नवादा, भरपा और तीलरा। सर डब्ल्यू.बी. हडसन ने सीरहा प्रतिष्ठान खरीदकर एफ. वाकर को नवादा फैक्टरी, ब्लूमफील्ड को तीलरा, मे. एंड कंपनी को भरपा, डब्ल्यू. एंड एच. कौक्स को पुदमकेर और पताही की फैक्टरी फ्रीमेंटल को बेच दी। इन सबके एवज में सर हडसन को आठ लाख रुपए मिले। सीरहा के संबंध में और अधिक जानकारी प्राप्त करने के लिए मैंने बहुत प्रयत्न किया। हमें पता है कि एक समय में इसका स्वामित्व नोएल एंड कंपनी के पास था और यह काँटी के अंतर्गत ग्रुप ऑफ फैक्टरीज का एक हिस्सा थी। मैंने एक पुराने प्लांटर से सुना है कि इसके प्रथम मैनेजर मि. वुड थे। वे जंगली तरह के आदमी थे। उन्हें लकड़ी का एक पैर लगा हुआ था और उनका एक उपनाम लकनी वुड था। उनमें एक विचित्र आदत थी। वे अपने किसी असिस्टेंट के यहाँ जब जाते तो वहाँ टेबल पर रखे क्रॉकरी के सभी बरतन और शीशे के बरतन को तोड़ डालते और अपने

घर लौटकर वे पुनः तोड़े गए सभी सामानों के बदले नए सामान उस असिस्टेंट के यहाँ भिजवा देते। इस कहानी को मुझे जिन्होंने सुनाया, वे एक बूढ़े व्यक्ति थे जिनका नाम जॉन वाटसन था। वे यार्कशायर के रहनेवाले थे तथा उनका लालन–पालन वहीं एक फार्म हाउस में हुआ था। जब वे भारत आए तो दानापुर में उन्हें रोजगार मिला। दानापुर में उन्हें एक ऐसे व्यापारी ने नौकरी पर रखा था, जो तिरहुत के प्लांटर्स को त्योहारों के अवसर पर सूअर का मांस एवं चरबीदार बड़ी चिड़ियाँ बेचा करता था। इसी वजह से जॉन वाटसन का प्लांटर्स से परिचय हुआ और फलतः उन्हें सीरहा फैक्टरी में नौकरी मिली। नील की फैक्टरी में कुछ समय तक नौकरी करने के बाद वे छुट्टी लेकर दानापुर गए और वहाँ एक जवान औरत के साथ उनका संबंध बना। दानापुर से लौटकर उन्होंने वुड को सारी बात बताई। वुड ने उन्हें सलाह दी कि अच्छा होगा कि वे उस औरत से विवाह कर उसे यहाँ ले आएँ। वाटसन ने भयभीत होकर कहा—"ओह, मैंने कभी नहीं सोचा है कि उससे विवाह कर उसे यहाँ लाऊँगा। मैं उसे यहाँ लाने की सोच भी नहीं सकता।" वह औरत जॉन के दो हजार रुपए लेकर भाग गई। जॉन का कहना था कि अब वह कभी किसी औरत से संबंध नहीं रखेगा, क्योंकि यह बहुत ही खर्चीला होता है।

तरकोलिया (Tarcooleah)

तरकोलिया प्रतिष्ठान के संबंध में मुझे सूचना उपलब्ध नहीं हो पाई है, लेकिन मुझे आश्वस्त किया गया है कि कुछ भी सूचना मिलने पर वे मुझे उपलब्ध करा देंगे और मुझे जब भी इस प्रतिष्ठान के संबंध में सूचनाएँ उपलब्ध होंगी, मैं उन्हें इसमें जोड़ दूँगा। तरकोलिया के संबंध में मुझे याद है कि यह अनेक वर्षों से बंद पड़ी है; इसके बाद जोसफ हील ने एकाएक इसे खोलने का निश्चय किया और इस तरह बहुत ही कम समय में बड़े स्तर पर नील उत्पादन कर तरकोलिया की फैक्टरी को खोला गया।

सारण की फैक्टरियों का इतिहास लिखने के क्रम में सारण के एक प्लांटर ने मुझे बाद के वर्षों से स्थापित कुछ छोटे-छोटे प्रतिष्ठानों के संबंध में जानकारियाँ दीं। जमुनापुर की फैक्टरी मुंशी जावेद हुसैन ने 1864-65 में स्थापित की थी। वे छपरा के जज के पेशकार थे। उनके निधन के बाद 1888 में दोस्त मोहम्मद ने इसे अंगस मैकइवेन के हाथों बेच दिया तथा अंगस की मृत्यु के बाद डोनाल्ड मैकइवेन ने इस फैक्टरी का प्रभार ग्रहण किया।

गोपालपुर की फैक्टरी 1867 में उपेंद्र नारायण सिंह ने स्थापित की थी। उन्होंने इस फैक्टरी को स्वयं कुछ वर्षों तक चलाया और तत्पश्चात् इसे मैलकम मैकलियोड तथा बूथ के हाथों बेच दिया। उन लोगों ने इस फैक्टरी को कुछ वर्षों तक चलाया और अभी वर्तमान में इसका स्वामित्व मि. जे. कार्लपेल्स के पास है।

जैतपुर की फैक्टरी की स्थापना 1870 में आर्थर हरमैन ने पटना के एक बैंकर श्रीराम के लिए की थी। अभी भी इस फैक्टरी पर उन्हीं का स्वामित्व है। हरमैन कुछ वर्षों तक इस फैक्टरी के मैनेजर रहे और उनके बाद ई. चारडन मैनेजर बने। मुझे लगता है कि यह फैक्टरी नील प्रतिष्ठान के तौर पर ही बंद हुई।

कूहनिया की फैक्टरी 1878 में ए. बस्कीन ने स्थापित की। इस फैक्टरी में उनके भाई मार्क और कर्नल रॉबर्ट के साथ-साथ उनकी भी हिस्सेदारी थी। इसकी एक संबद्ध फैक्टरी गौर की स्थापना एक या दो वर्षों बाद हुई। बस्कीन के ऑस्ट्रेलिया जाने के बाद उनके भतीजे फर्ग्यूसन ने फैक्टरी की जिम्मेदारी सँभाल ली। इस फैक्टरी में अब नील का उत्पादन बंद हो गया है तथा छोटे स्तर पर चीनी का उत्पादन हो रहा है।

नील के विभिन्न प्रतिष्ठानों में पुराने समय के मैनेजरों के संबंध में सही-सही जानकारी प्राप्त करना लगभग असंभव है। 1800 ई. के प्रारंभ में बूढ़े हेनरी हील भारत गए और बहुत हद तक यह स्पष्ट है कि 1810

से 1814 तक वे राजपुर में रहे। उनके तीन पुत्रों का जन्म भी राजपुर में ही हुआ था। 1816 में तरकोलिया फैक्टरी को खरीदा गया और संभवतः हेनरी हील उसी समय तरकोलिया गए और 1824 तक वहाँ रहे। उनके बाद आई.एम. हील ने वहाँ का प्रभार लिया। बूढ़े हेनरी हील तरकोलिया से बराह फैक्टरी गए, जहाँ वे मृत्युपर्यंत रहे। उनकी मृत्यु 1848 में हुई और उन्हें बराह में दफनाया गया। उनके बाद बराह फैक्टरी की कमान जोसफ हील ने सँभाली। जेम्स हील तरकोलिया फैक्टरी में कुछ महीने तक ही रह पाए, क्योंकि अत्यधिक बीमारी के कारण वे 1851 में अपने देश लौट गए।

सीरहा की फैक्टरी जब 1848 या 1849 में खरीदी गई तब जोसफ हील वहाँ गए। वे वहाँ 1857 तक रहे और उसके बाद अपने देश लौट गए। जोसफ हील के देश लौटने के बाद एच.एल. हुले को बराह प्रतिष्ठान की तीन फैक्टरियों का प्रभार दे दिया गया। वे फैक्टरियाँ थीं—बराह, तरकोलिया तथा सीरहा। बराह में ए.एस. अरक्वाहर्ट को उनका असिस्टेंट बनाया गया। हूले सीरहा में, बूढ़े टॉम गिब्बन तरकोलिया में तथा के. हील एवं टी.एम. गिब्बन क्रमशः घीरी एवं मकवा में रहे। जोसफ हील पुनः 1858 में एक या दो वर्षों के लिए सीरहा गए, लेकिन मुझे मालूम नहीं कि वे वहाँ के प्रबंधन में क्या बदलाव कर पाए। घीरी और मकवा की फैक्टरी को जे.एम. गिब्बन ने मार्च 1859 में छोड़ दिया और जॉन जस्टीन हूले (जो एच.एल. हूले का भतीजा था) ने उनका स्थान लिया। वे वहाँ टॉम गिब्बन की मृत्यु तक (1860-61) रहे। सीरहा प्रतिष्ठान के अंतर्गत दो डिवीजन थे। लेकिन वृद्ध टॉम गिब्बन की मृत्यु के बाद टी.एम. गिब्बन संपूर्ण तरकोलिया प्रतिष्ठान के मैनेजर बनाए गए। इस प्रतिष्ठान के मुखिया एच.एल. हूले थे जिसका मुख्यालय सीरहा था। 18 63 में जी.एम. गिब्बन पीपरा चले गए और उनकी जगह जॉन स्टेस स्मिथ को मैनेजर बनाया गया। स्मिथ ने जब 1865 में तरकोलिया छोड़ दिया

तो टी.एम. गिब्बन पुनः तरकोलिया आ गए और वे वहाँ 1867 तक रहे। टी.एम. गिब्बन जब बेतिया राज के मैनेजर नियुक्त हुए तो तरकोलिया में उनकी जगह उनके चचेरे भाई डब्ल्यू.एफ. गिब्बन ने ली। 1869 में ए.एफ. गिब्बन की जगह जेम्स.एस. बेग ने ली और बेग की जगह 1871 में हील ने ले ली। बराह में ए.एस. अरक्वाहर्ट की जगह डब्ल्यू.एफ. गिब्बन मैनेजर बनाए गए। 1865 में चार्ली डायर मैनेजर बनाए गए जिनकी बहुत जल्द ही मृत्यु हो गई और उन्हें बराह में दफनाया गया। डायर के बाद बने मैनेजर इस प्रकार थे—ब्लेने हिक्की जॉन नेमिली, मैकेक्वीन और जे.एस. बेग। एच.एल. हूले 1866 तक सीरहा में रहे और 1866 में हूले की जगह डब्ल्यू. मैकक्वीन मैनेजर बनाए गए। मैकक्वीन के बाद क्रमशः आर.एच. हील, टेड हिक्की, डेक्सन और डब्ल्यू.एफ. गिब्बन सीरहा फैक्टरी के मैनेजर बनाए गए।

1818 में मैथ्यू मोरन तथा हेनरी हील ने बराह, मोतिहारी और राजपुर फैक्टरियों की सोलह आने की हिस्सेदारी खरीद ली। मैथ्यू मोरन स्व. विलियम मोरन के चाचा थे। मि. मोरन को मोतिहारी फैक्टरी परिसर में दफनाया गया था। 1818 में एम. मोरन और हेनरी हील ने तरकोलिया की सोलह आने हिस्सेदारी खरीद ली। 1836 में एच. हील ने बराह, जगलिया, तरकोलिया, लाल सराय, सुखवा और घीरी की सोलह आने हिस्सेदारी खरीद ली। रिपोर्ट में ऐसी सूचना है कि लाल सराय की फैक्टरी एक हजार मन जई के बदले बेच दी गई थी। सर डब्ल्यू.बी. हडसन ने हिल्स से सीरहा की फैक्टरी 1888 में खरीदी। अब यहाँ मैं हिल्स के स्वामित्ववाली चंपारण की फैक्टरियों के इतिहास से संबंधित कुछ मेमो का उल्लेख कर रहा हूँ।

2 जून, 1810—स्वामित्व संबंधी (Deed) एक रिकॉर्ड के अनुसार अलेक्जेंडर नोवल के अटर्नियों विलियम वारेन वुड तथा रिचर्ड केहिल ने बराह फैक्टरी मैथ्यू मोरन को बेचने पर सहमति दी थी।

5 अक्तूबर, 1812—बराह फैक्टरी का 7/16 हिस्सा हेनरी हील को स्थानांतरित कर दिया गया। डीड में उल्लेख है कि विगत अनेक वर्षों से मैथ्यू मोरन एवं हेनरी हील बराह, मोतिहारी एवं राजपुर की फैक्टरियों में दिलचस्पी लेते रहे हैं और वे फैक्टरी में होनेवाले खर्च का 9/16 तथा 7/16 हिस्सा वहन करते आए हैं।

2 जुलाई, 1816 के डीड से पता चलता है कि मिर्जापुर के नील प्लांटर विलियम वुड से तरकोलिया की फैक्टरी मैथ्यू मोरन (9/16) तथा हेनरी हील (7/16) ने खरीदी।

31 जुलाई, 1829—इस तिथि के डीड में रिकॉर्ड है कि बराह, जगलीया, तरकोलिया, लालसराय तथा सुखोह फैक्टरी के मालिक मैथ्यू और हेनरी हील थे। राजपुर फैक्टरी की बिक्री 1812 और 1829 के मध्य हुई होगी। यह अवधि 1814 के बाद की ही होगी, क्योंकि हेनरी हील की सातवीं संतान का जन्म 12 अगस्त, 1814 को राजपुर में हुआ था।

1849 में जे.एम. हील और जोसफ हील, हील एंड कं. में बराबर के हिस्सेदार थे। सीरहा के नील प्रतिष्ठान को या तो अलेक्जेंडर पावेल की कंपनी ने खरीदा होगा या जॉन टेलर ने, मैं इस संबंध में निश्चित रूप से कुछ कह नहीं सकता।

1 नवंबर, 1880—इस तिथि से बराह फैक्टरी के सोलह आने हिस्सेदारी के मालिक जोसफ हील हो गए।

1 अक्तूबर, 1889—सीरहा प्रतिष्ठान को हेनरी हील एंड कंपनी ने सर डब्ल्यू.बी. हडसन के हाथों बेच दिया।

नोट—मैथ्यू मोरन को मोतीहारी प्रतिष्ठान का मालिकाना हक 1812 से 1829 के मध्य मिला होगा। जहाँ तक मैं इतिहास खोज पाया हूँ, उसके आधार पर राजपुर में हेनरी हील 1810 से 1815 के प्रारंभ तक रहे होंगे, हो सकता है कि 1810 से कुछ वर्ष पूर्व से लेकर 1815 के बाद तक वे राजपुर में रहे हों। संभवत: वे 1816 में तरकोलिया आए

होंगे जब तरकोलिया की फैक्टरी को खरीदा गया था।

तरकोलिया प्रतिष्ठान की संबद्ध फैक्टरियाँ निम्नलिखित थीं—चीलेरम, ओलहा, बरहरवा, जलहा, मोकवा, दुद्धी, फेरवा, घीरी, सेरीन तथा तजपूरवा। यह जानकारी उपलब्ध नहीं हो पाई कि सबसे पुरानी संबद्ध फैक्टरी की स्थापना कब हुई थी।

तरकोलिया फैक्टरी के असिस्टेंट निम्नलिखित थे—एफ.एच. मर्डाक, पर्सनल असिस्टेंट, आर.एल. मार्शडेन, जमींदारी मैनेजर; जे.बी.एस. हील, बरहरवा, ओलहा एवं जलहा, टी.ए. होज, मकवाह, ई.ई. फ्रेजर, सरीन एवं तेजपूरवा, जे.ए. कोलियर, घीरी, एफ.एच. मैनीस्ट्री, खरवट।

1860 से तरकोलिया प्रतिष्ठान के मैनेजर निम्नलिखित थे—

मैनेजर का नाम	**अवधि**
टी.एम. गिब्बन	1860–61
जे. हूलवे	1860–61
जे. स्मिथ	1861–62
जे. हूलवे	1861–62
जे. स्मिथ	1862–63
सी.एम. गिब्बन	1863–64
वही	1864–65
वही	1865–66
वही	1866–67
वही	1867–68
वही	1868–69
जे.एस. बेग	1869–70
वही	1870–71
डॉ. जे.एच.जी.हील	1871–72

वही	1872–73
जे. लेबेस	1872–73
वही	1872–73
डब्ल्यू.एफ.गिब्बन, सीनियर	1873–74
वही	1874–75
डॉ. जे.एच.जी. हील	1874–75
वही	1875–76
वही	1876–77
वही	1877–78
डब्ल्यू.एफ.गिब्बन	1877–78
वही	1878–79
डॉ. जे.एच.जी. हील	1879–80
वही	1880–81
वही	1881–82
वही	1882–83
एच.डब्ल्यू.जे. हील	1882–83
वही	1884–85
वही	1885–86
जे.एच. डिक्सन	1885–86
एच.डब्ल्यू.जे. हील	1885–86
डॉ. जे.एच.जी. हील	1886–87
वही	1887–88
जी.डी. कैंपबेल	1887–88
एच.डब्ल्यू. हील	1888–89
वही	1889–90
वही	1890–91

जे.एच. डिक्सन	1890-91
एच.डब्ल्यू.जे. हील	1891-92
जे.एच. डिक्सन	1891-92
एच.डब्ल्यू.जे. हील	1892-93
वही	1893-94
डब्ल्यू.एफ.गिब्बन, जूनियर	1893-94
एच.डब्ल्यू.जे. हील	1894-95
डब्ल्यू.एफ. गिब्बन, जूनियर	1894-95
एच.डब्ल्यू.जे. हील	1895-96
डब्ल्यू.एफ. गिब्बन जूनियर	1895-96
एच.डब्ल्यू.जे. हील	1896-97
डब्ल्यू.एफ. गिब्बन, जूनियर	1896-97
डब्ल्यू.एफ. गिब्बन, जूनियर	1897-98
वही	1898-99
एच.डब्ल्यू.जे. हील	1898-99
एफ.एम. कोमेंट्री	1898-99
वही	1899-1900
वही	1900-01
वही	1901-02
जे.एल. हील	1901-02
वही	1902-03
एफ.एम. कोमेंट्री	1902-03
जे.एल. हील	1903-04
आर.एल. मार्शडन	1903-04
जे.एल. हील	1904-05
वही	1905-06

तलबरा (Telbara)

तलबरा फैक्टरी एक समय में सीरहा प्रतिष्ठान की एक संबद्ध इकाई थी, जो रॉबर्ट ब्लूमफील्ड तथा जे.एच. स्मिथ ने 1892 में खरीदी थी। यहाँ एक भी कब्र नहीं है। अभी वर्तमान में रॉबर्ट ब्लूमफील्ड इस फैक्टरी के मैनेजर थे जिनकी हत्या यहाँ के स्थानीय निवासियों द्वारा 13 फरवरी, 1907 को कर दी गई, उनके बाद फैक्टरी की जिम्मेदारी मि. सिवर्स सँभाल रहे हैं।

लालसरैया (Lallseryiah)

लालसै ्या फैक्टरी की स्थापना जेम्स हील ने की थी। इसकी स्थपना तरकोलिया की संबद्ध इकाई के तौर पर 1822 में हुई थी। 1846 के लगभग हील ने इस फैक्टरी को छोड़ दिया, स्थानीय रिपोर्ट से मालूम होता है कि हील ने इस फैक्टरी को जियो के हाथों बेच दिया था। फाल्कनर ने यहाँ एक छोटा सा डिपो बनाया था, लेकिन एक दूसरे व्यक्ति, जिसका नाम पढ़ने में अस्पष्ट है, ने यहाँ नील का व्यवसाय छोटे स्तर पर शुरू किया। उस व्यक्ति से इस स्थान को केनीथ मैकलियोड और जेम्स कौक्स ने 1856–57 में खरीद लिया जिसे लेविस कोसर्ट ने कुछ वर्षों तक मैनेज किया। कोसर्ट जब लालसरैया में थे, उसी समय 12वीं इरेगुलर कैवेलरी ने विद्रोह किया था जिसमें कर्नल होम्स और उनकी पत्नी तथा डॉक्टर और उनकी पत्नी मारे गए थे। डॉक्टर की छोटी संतान की जिंदगी उसकी आया ने बचा ली थी। हत्या करने के बाद रेजिमेंट जब सीगोलिया से गुजर रहा था तो कोसर्ट ने उसे देखा, लेकिन उस समय तक उन्हें घटना की कोई जानकारी नहीं थी। आश्यर्चजनक रूप से रेजिमेंट ने कोसर्ट पर हमला नहीं किया, संभवतः वे दिल्ली पहुँचने की जल्दबाजी में रहे होंगे। स्थानीय लोगों ने कर्नल (होम्स का सिर धड़ से अलग कर दिया गया

था) एवं उनकी पत्नी के पार्थिव शरीर को मोतिहारी पहुँचाया तथा पीपरा फैक्टरी के मैनेजर डब्ल्यू. डांट ने खबर सुनकर मोतिहारी आकर उन्हें दफनाए जाने में सहयोग दिया। डॉक्टर एवं उनकी पत्नी को उनके ही बँगले में जला दिया गया। इस हत्या के अनेक वर्षों के बाद, एक व्यक्ति जिसने कर्नल और उनकी पत्नी पर गोली चलाई थी, अचानक सुगौली में देखा गया जिसे कर्नल होम्स के साईस ने पहचान लिया। साईस ने पुलिस को इसकी खबर दे दी। पुलिस उस व्यक्ति को पकड़कर ले गई, उसने अपना अपराध स्वीकार कर लिया और उसे फाँसी दे दी गई। विद्रोह के पश्चात् एल. कोसर्ट को मानद मजिस्ट्रेट बनाया गया और जहाँ वे अपनी कचहरी लगाते थे, वह अभी भी अस्तित्व में है।

कुछ समय बाद इस प्रतिष्ठान को मेसर्स फ्रीमैन एवं गिब्बन ने खरीद लिया। 1867 में मैकलियोड ने गिब्बन की हिस्सेदारी खरीद ली। जे. मैकलियोड ने प्रतिष्ठान के लिए बहुत काम किया, फलतः यह एक कीमती संपत्ति बन गई। उन्होंने राजघाट, फराह और मधुपुर में भी संबद्ध इकाइयाँ बनाईं। जिम्मी अपने आतिथ्य-सत्कार के लिए मशहूर थे तथा एक कुशल घुड़सवार भी थे। उनका अस्तबल हमेशा घोड़ों से भरा रहता था।

मधुपुर में दो सैनिकों की कब्रें हैं। नेपाल युद्ध के दौरान रेजिमेंट इस क्षेत्र में मार्च करती थी। स्थानीय कैवलरी का रेजिमेंट सुगौली में पदस्थापित था। सुगौली से लालसराय 24 मील की दूरी पर अवस्थित था। इस रेजिमेंट के अधिकारीगण खेलने और अपना समय व्यतीत करने अकसर लालसराय फैक्टरी आया करते थे। फैक्टरी में उन्हें हमेशा मान-सम्मान मिलता था। रेजिमेंट के शांतिपसंद वरीय अधिकारी अपने घर पर ही समय गुजारना पसंद करते थे। अभी लालसराय फैक्टरी के मैनेजर डी.सी. रीड हैं और यदि मुझे सही जानकारी है तो एपर्ले उनके असिस्टेंट हैं। एपर्ले को लोग 'एप्पल्स' के नाम से जानते हैं। एप्पल्स कर्नल एपर्ले के पुत्र हैं। बहुत वर्ष पहले कर्नल एपर्ले पूसा के प्रभारी थे। वे एक बेहद अच्छे इनसान थे। उनका पुत्र एप्पल्स भी अपने पिता की ही तरह है।

इस तरह मैं तिरहुत, सारण और चंपारण की नील फैक्टरियों के इतिहास लिखने के काम को विराम देता हूँ। मैं इसे और भी विस्तार से लिखना चाहता था, लेकिन जैसा मैंने लिखा है, वह वर्तमान पीढ़ी को पूर्व की स्थिति का एक परिचय देगा। इसे लिखने के बाद मेरे एक मित्र ने मुझे कतिपय जानकारियाँ दी हैं, जो इस प्रकार हैं—

सारण : मैं अब सारण के नील प्रतिष्ठान से प्रारंभ करता हूँ। इस जिले की अधिकतर नील फैक्टरियाँ 1847 के बाद स्थापित हुई हैं। जहाँ तक मुझे याद है, 1847 से पूर्व रामकोला, राजापट्टी, चेतनपरसा, जलालपुर एवं कुछ अन्य फैक्टरियाँ काम कर रही थीं। मैं यहाँ वर्णमाला के क्रमानुसार फैक्टरियों का उल्लेख नहीं कर रहा हूँ। इनकी सूचनाएँ मुझे क्रमानुसार उपलब्ध नहीं हो पाईं, लेकिन मैं अब उन सभी फैक्टरियों का एक-एक कर उल्लेख करूँगा जिनकी जानकारी मुझे उपलब्ध हुई है।

अरोह (Arrowah A.K.R.)

अरोह की फैक्टरी की स्थापना काल से संबंधित रिकॉर्ड उपलब्ध नहीं है; लेकिन इस प्रतिष्ठान की कुछ सहभागी फैक्टरियाँ 1830 से पूर्व की स्थापित हैं। पचास के दशक में काजी रमजान अली इस प्रतिष्ठान के मालिक थे। अनेक यूरोपियन को मैनेजर के तौर पर उन्होंने रखा। उनके मैनेजरों में डब्ल्यू. जेम्स तथा टॉम मार्टिन भी थे जो तिलपा हाउस में रहकर फैक्टरी का कामकाज सँभालते थे। इसी तिलपा हाउस में वृद्ध के. मैकलियोड भी कभी रहा करते थे। तिलपा हाउस को कुछ समय बाद सारण प्लांटर्स क्लब में परिणत कर दिया गया। वृद्ध काजी रहमान विश्वास करने योग्य, लोकप्रिय एवं एक जानकार व्यक्ति थे। उनके संबंध में बहुत सी कहानियाँ प्रचलित हैं, लेकिन उन कहानियों की सच्चाई की जिम्मेदारी मैं नहीं ले सकता। छपरा के सम्मानित जमींदारों एवं बैंकर्स

के बीच उनकी धाक थी। वे हमेशा तंगी में रहते थे, लेकिन हवा के रुख को अपने पक्ष में मोड़ने में माहिर थे।

उनके संबंध में एक कहानी प्रचलित है कि एक बार वे आर्थिक कठिनाई के दौर से गुजर रहे थे और उससे निकलने का कोई रास्ता उन्हें नहीं सूझ रहा था। उन्होंने कलकत्ता की एक कंपनी से लोहे के चार संदूक मँगवाए। उन संदूकों को अपने घर के एक कमरे के चारों कोनों पर एक-एक कर रख दिया। इसके बाद उन्होंने अपने धनी एवं संपन्न मित्रों को बात करने के लिए अपने घर पर आमंत्रित किया। इन लोगों के बीच जब बातें हो रही थीं उसी समय कुछ लोग कमरे में आए। उनमें से एक ने कमरे में रखे संदूक खोलकर उसमें रुपयों से भरा एक थैला रखा और संदूक बंद कर दिया। दूसरा आदमी आया और संदूक खोलकर रुपयों से भरा थैला ले गया। यह क्रम चलता रहा। उनके अतिथि मित्रों ने जिज्ञासावश उनसे पूछा कि वे कौन सा व्यवसाय कर रहे हैं। उन्होंने कहा मैं एक बड़ी कंपनी के लिए एजेंट का काम करता हूँ। वह कंपनी जरूरतमंद व्यावसायिकों के लिए यहाँ नगद रकम रखती है। जो लोग यहाँ अपना नगद रखते हैं कंपनी उन्हें भारी सूद देती है। इतना सुनकर उनके दोस्तों ने भी बड़ी मात्रा में अपना-अपना नगदी उनके पास भिजवा दी। इन्हीं जमा नगदियों से काजी रमजान अली ने अपनी फैक्टरी चलाई और उन पर कर्ज की जो राशि थी, उन्हें अदा कर दी। लोग बताते हैं कि एक ही थैला था जिसे संदूक में बार-बार रखा जाता और निकाला जाता था। एक आदमी थैला संदूक में रखकर चला जाता तो दूसरा आदमी उस थैले को निकालकर ले जाता और पुनः उस थैले को दूसरे आदमी को दे देता जो फिर उसी थैले को किसी दूसरे संदूक में रख देता। इसी तरह एक ही थैले को रखने और निकालने का क्रम चल रहा था।

इसी तरह की एक और मनगढ़ंत कहानी है कि पटना के कमिश्नर डब्ल्यू. टेलर ने जब एक मॉडल फार्म शुरू किया तो उन्होंने बूढ़े काजी

से कहा कि वे स्थानीय निवासियों से सहायता के रूप में चंदा दिलाने में उनकी मदद करें। काजी ने अपने प्रभाव का इस्तेमाल कर डब्ल्यू. टेलर की मदद की। बूढ़े काजी निहायत ही अच्छे इनसान थे, जो हमेशा किसी की भी मदद को तैयार रहते थे। विद्रोह के दौरान सरकार ने काजी को अपना विश्वस्त माना और विद्रोह के समय जब कमिश्नर ने सभी यूरोपियन को छपरा छोड़ने का आदेश दिया तो वहाँ का प्रभारी काजी को बना दिया गया और जहाँ तक मुझे जानकारी है, काजी ने सरकार के आशानुरूप संतोषप्रद ढंग से काम किया।

अरोह फैक्टरी की बदहाली के कारण काजी जब आर्थिक संकट में फँस गए, तो उनके ऋणदाताओं ने 1864-65 में सिविल कोर्ट में उन पर मुकदमा कर दिया फलतः कोर्ट द्वारा यू.डी. अर्क्वाहर्ट को फैक्टरी का रिसीवर नामित कर दिया गया। काजी के अरोह फैक्टरी छोड़ने के बाद जॉन मैकरे ने उनकी जगह ली। 1874 में फैक्टरी की आम नीलामी हुई जिसमें ऐशबर्नर एंड कंपनी ने फैक्टरी खरीद ली और फैक्टरी की स्थिति में बहुत सुधार हुआ। इसी अवधि में चेतनपरसा और जलालपुर की फैक्टरियाँ बेची गईं तथा अरना, औराह एवं पैगंबरपुर की फैक्टरियाँ खरीदी गईं। ताजपुर की फैक्टरी भी बेच दी गई थी, लेकिन कुछ वर्षों बाद इसे पुनः खरीद लिया गया। अधिकतर समय अरोह, तेहाटी, ताजपुर, डंगेरा, अरना, जलालपुर, औराह, चेतनपरसा और पैगंबरपुर की फैक्टरियाँ अरोह प्रतिष्ठान का हिस्सा रहीं। जे. मैकरे अपनी हिस्सेदारी के साथ फैक्टरी में 1874 से मैनेजर रहे। जे.डी. मैकग्रेगर 1871 में फैक्टरी के मैनेजर बने और डब्ल्यू.ओ. मैकग्रेगर 1877 में मैनेजर हुए। 1881 में जे. मैकरे के निधन के बाद इस प्रतिष्ठान को दो भागों में बाँटकर इसकी जिम्मेदारी मैकग्रेगर बंधुओं ने ले ली। एक भाई अरोह तथा दूसरे भाई अरना के मैनेजर बन गए। एक भाई डब्ल्यू. मैकग्रेगर ने अपना हिस्सा अपने दूसरे भाई जे.डी. मैकग्रेगर को 1887 में बेच दिया। अब जे.डी. मैकग्रेगर ही अकेले दोनों

जगहों के मैनेजर बन गए और उन्होंने अपना निवास अरोह में बना लिया। 1896 से जे.डी. मैकग्रेगर ही इस प्रतिष्ठान के मालिक हो गए।

मि. जे.डी. मैकग्रेगर अपने पैतृक निवास स्थान जाने के लिए चिंतित हैं और इस वजह से संपूर्ण प्रतिष्ठान या इसका कुछ भाग वे बेचने को तैयार हैं ताकि उन्हें कुछ नगद की प्राप्ति हो सके। जो व्यक्ति इस बेहतरीन प्रतिष्ठान या इसके कुछ भाग को यथोचित कीमत पर खरीदना चाहता हो, उसे जे.डी. मैकग्रोगर, अरोह फैक्टरी, नागा पी.ओ., सारण को आवेदन देना चाहिए।

बाँस-घाट (Bans-Ghaut E.G.W.)

बाँस-घाट की फैक्टरी अब बंद हो गई है। मुझे लगता है कि इस फैक्टरी की स्थापना 1869 में डब्ल्यू. विल्सन ने की थी जिनकी मृत्यु 1872 में हो गई। उनके बाद इस फैक्टरी की जिम्मेदारी मौलकम मैकडोनाल्ड को दी गई। उन्होंने जी. विलियम्स के साथ मिलकर इस फैक्टरी को खरीद लिया। इस फैक्टरी में मैलकम की छह आने, जी. विलियम्स की छह आने और आर. फिलिप्स की चार आने की हिस्सेदारी थी तथा फिलिप्स को ही प्रबंधन की जिम्मेदारी भी दी गई थी। इस फैक्टरी के द्वारा अच्छा प्रदर्शन नहीं किया जा सका, हालाँकि डब्ल्यू. विल्सन के समय में इस फैक्टरी में बहुत अच्छा काम हुआ था और यहाँ कुछ उत्तम किस्म के नील का उत्पादन भी हुआ था। जहाँ तक मुझे जानकारी प्राप्त हुई है, इस फैक्टरी की एक संबद्ध इकाई डेकोली में डब्ल्यू. विल्सन ने स्थापित की थी। अब पूरा प्रतिष्ठान ही बंद हो चुका है।

बल्ला बरहोगा (Balla Barhoga K. Mcl ana J.C.)

बल्ला बरहोगा की फैक्टरी पचास के दशक के प्रारंभ में (1854 में) डब्ल्यू. जेम्स ने स्थापित की थी। 1858 में टॉम स्लेड ने बल्ला बरहोगा

की फैक्टरी की आठ आना हिस्सेदारी के. मैकलियोड से खरीद ली और वे बल्ला के मैनेजर होकर वहाँ चले गए। जून 1858 में टॉम स्लेड और एल. मैकडोनाल्ड छपरा से प्रतापपुर के लिए रवाना हुए। उनके साथ बिडेल नाम का एक नवयुवक भी था। 18 जून, 1858 को चलकर दूसरे दिन वे लोग बल्ला पहुँचे। उन लोगों को किसी तरह की सूचना नहीं मिल रही थी जिसके कारण वे चिंतित थे। दूसरे ही दिन उन लोगों ने सुना कि विद्रोहियों ने रामगढ़ फैक्टरी जला दी है। मजिस्ट्रेट सिवान छोड़ चुके थे और उन लोगों एवं सिवान के बीच कहीं पर विद्रोही थे। इस कारण वे लोग प्रतापपुर की ओर आगे न बढ़कर बल्ला में रुककर स्थिति का जायजा लेने लगे। वे लोग बल्ला में 27 जून तक रुके रहे और उसी दिन एक आदमी उन लोगों के पास आया, जो जल्दबाजी में था और उन्हें बताया कि विद्रोही पैदल और घोड़े पर चढ़कर बिशनपुर से चल चुके हैं और बल्ला फैक्टरी जलाने आ रहे हैं। बिशनपुर से बल्ला की दूरी तीन मील की है। स्लेड बल्ला छोड़ना नहीं चाहते थे। उन्होंने कहा कि यदि वे लोग इस जगह को छोड़ेंगे तो स्थानीय लोग सोचेंगे कि हमने भयभीत होकर जगह छोड़ दी। लेकिन जब उन्हें यह मालूम हुआ कि सुदोवा में महिलाएँ भी हैं तो उन्हें महसूस हुआ कि महिलाओं की मदद करने के लिए उन्हें वहाँ जाना चाहिए और इस प्रकार वे लोग सुदोवा फैक्टरी के लिए रवाना हो गए। वहाँ पहुँचकर उन्होंने पाया कि ई. विल्सन बूढ़ी गंडक नदी में नावों को तैयार स्थिति में रखे हुए थे। उन लोगों ने तुरंत एक दल, जिसमें अन्य लोगों के अलावा मिसेज ई. विल्सन और उनका परिवार भी था, को नाव पर पूरी सुरक्षा से बैठाकर रवाना कर दिया। उन लोगों ने शाम को करीब 6 बजे नाव से प्रस्थान किया। जल्द ही रात का अँधेरा हो गया और उन्हें रात के अँधेरे में फैक्टरियों और थानों के जलने की रोशनी दिखने लगी। उन लोगों ने नदी में ही दो दिन बिताए। 30 जून को अलेक्स अर्क्वाहर्ट और जे.सी. क्राफोर्ड नाव द्वारा राजपुर फैक्टरी

से आए और स्लेड, बिडेल और मैकडोनाल्ड को अपने साथ राजपुर ले गए। ई. विल्सन, उनकी पत्नी और लड़की नाव में ही समय व्यतीत कर दूसरे दिन सुदोवा लौट गए, क्योंकि विद्रोही जितनी जल्दी आए थे, उतना ही शीघ्र जिले को छोड़ भी दिया। ई. विल्सन जब लौटकर बल्ला आए तो फैक्टरी के नौकरों ने उन्हें बताया कि उनके बल्ला से जाने के तुरंत बाद विद्रोही वहाँ पहुँच गए थे और घर को निशाना बनाकर उन लोगों ने अनेक बार गोलियाँ चलाईं। उन लोगों को यह मालूम नहीं हो सका कि साहेब घर छोड़ चुके थे और साहेब के पास राइफल होने की आशंका के कारण वे घर तक नहीं आए। उन्होंने बल्ला के बँगले को जला दिया, लेकिन सौभाग्य ने उनकी नजर छह घोड़ों पर नहीं पड़ी और वे बच गए। उन्होंने कंपाउंड के हर सामान को तहस-नहस कर दिया। ऐसा प्रतीत होता है कि विद्रोहियों ने पहले लूट-पाट की और उसके बाद बँगले में आग लगा दी। मैं इसका उल्लेख यहाँ यह बताने के लिए कर रहा हूँ कि विद्रोह के दौरान अनेक प्लांटर्स की जान मुश्किल से बची थी। एल. कासर्ट और कर्नल रॉबर्ट ने बरहोगा की फैक्टरी साठ के दशक के प्रारंभ में खरीदी थी। कासर्ट 1872 तक इसके मैनेजर रहे और उनसे एफ. मूरे ने प्रभार लिया। मूरे की फैक्टरी में कुछ हिस्सेदारी थी और उन्होंने 1877 तक इसका प्रबंधन किया। उनके बाद ए. मैक इंटोस कुछ दिनों के लिए इस फैक्टरी के मैनेजर बने। वर्तमान में यह फैक्टरी शुगर डेवलपमेंट कंपनी के अधीन लीज पर है।

मुझे जो जानकारी है, उस आधार पर भामो की फैक्टरी सी. बोईल्यू के साथ मिलकर मैक एलराय ने स्थापित की। कालांतर में यह बाँस-घाट फैक्टरी की एक संबद्ध इकाई बन गई।

अब एक या दो फैक्टरी ऐसी रह गई हैं जिनकी सूचना मुझे अभी तक उपलब्ध नहीं हो पाई है, लेकिन मुझे विश्वास है कि अगले कुछ दिनों में मुझे उनकी सूचनाएँ भी उपलब्ध हो जाएँगी। अधिक-से-अधिक

जानकारी उपलब्ध नहीं हो पाने के कारण मैं निराश हूँ। कुछ ही फैक्टरियों के पास उनका पुराना इतिहास उपलब्ध है। मुझे विश्वास है कि जो थोड़ी जानकारी उपलब्ध हुई, उसे एक साथ रखकर वर्तमान पाठकों के लिए मैंने रुचिकर बनाने की कोशिश की है।

बबनौली (Bubnowlie E.S. ana Co.)

बबनौली की फैक्टरी गोरखपुर जिले में अवस्थित है। यह एक पुरानी फैक्टरी है, जो किसी फिंच परिवार द्वारा, संभवतः जोसफ द्वारा स्थापित की गई थी। 1829 से 1859 तक जोसफ ही इस फैक्टरी के मैनेजर थे। उनके बाद 1860 में मि. मेयर इस फैक्टरी के मैनेजर हुए तथा आर.पी. ब्रुक 1861 से 1873 तक मैनेजर बने। इस समय के बाद फैक्टरी का स्वामित्व बदलता रहा। इसे मैकडोनाल्ड बंधु, ई. स्टड तथा ए. मैकरे ने खरीदा। 1874 में मैकरे मैनेजर बने। जे. मैकडोनाल्ड 1876 से 1878 तक मैनेजर रहे और मैकरे पुनः लौट आए तथा 1879 तक इस फैक्टरी के मैनेजर रहे। 1879 में सी.ई. मैकेंजी को मैनेजर बनाया गया, लेकिन जे. मैकडोनाल्ड ने पुनः लौटकर फैक्टरी का प्रभार ले लिया। 1880 से 1883 तक सी. मैकेंजी पुनः मैनेजर बनाए गए और 1883 में पुनः मैकडोनाल्ड बबनौली फैक्टरी के मैनेजर बने। 1885 से 1888 तक एफ. मैकीनन यहाँ के मैनेजर रहे और उनसे फैक्टरी का प्रभार ए. मार्कफार्लेन ने लिया। 1889 में पुनः एफ. मैकीनन वापस आ गए और 1897 तक वे यहाँ के मैनेजर बने रहे। उनके बाद जॉन मैकीनन ने फैक्टरी का प्रबंधन 1899 तक किया। 1899 में एफ. मैकीनन मैनेजर बने, जो अभी तक मैनेजर के तौर पर फैक्टरी की जिम्मेदारी लिये हुए हैं।

इसकी संबद्ध इकाइयाँ बैकुंठपुर, दोमठ और सपहा हैं। वहाँ निम्नलिखित कब्रें हैं—इसाबेल की स्मृति में, जो आर.पी. ब्रुक की पत्नी थीं तथा उनका निधन 20 जनवरी, 1873 को हुआ था। जार्ज विलियम

मैकेंजी, मृत्यु 8 अक्तूबर, 1882, गस्टामस मेर्नान ह्यूम जिनकी मृत्यु सूअर के शिकार के दौरान हुई थी। उनका जन्म 2 जुलाई,1861 को एवं निधन 19 मार्च, 1885 को हुआ था, थॉमस.पी. लिंच, 52 वर्ष की आयु में 31 अक्तूबर, 1891 को निधन। इनके अतिरिक्त बच्चों की और अन्य कब्रें भी हैं। एफ. मैकीनन ने दो संबद्ध इकाइयाँ बुलीची और भगवानपुर में स्थापित कीं। गोरखपुर जिले में ही अवस्थित किंडरपट्टी फैक्टरी की स्थापना 1885 में ई.सी. सीले, आर. फेंटन और आर. सीले ने मिलकर की थी। 1886-1888 तक डब्ल्यू. ब्राउच इसके मैनेजर रहे, जबकि आर. फेंटन 1888 से 1891 एवं आर. सीले 1892 से अभी तक इसके मैनेजर हैं। यहाँ पर एक भी कब्र नहीं है।

बहरोली (Behrowlie)

बहरोली की फैक्टरी चैनगरी नदी के किनारे छपरा से 26 मील की दूरी पर अवस्थित है। इसका मुकर्करी पट्टा रमकोला के एच. क्यूरिश को पूसा के रामचरण दास ने 2 फरवरी, 1861 को लिखा था। पट्टे में 51 बीघा 10 कट्ठा जमीन दी गई थी। यहाँ पर पहली मैट् जॉर्ज लीह्वेलीन ने तब बनाई थी जब वे रामकोला में असिस्टेंट थे। फैक्टरी और इसके देहात को ई. ग्वाटकीन विलियम्स और सैयद अब्दुल ग्यास ने खरीदा। विलियम्स ने अब्दुल ग्यास की हिस्सेदारी भी खरीद ली और फैक्टरी के सोलह आने हिस्से के मालिक हो गए। नवंबर 1886 में विलियम्स ने इस फैक्टरी को बंगाल इंडिगो कंपनी के हाथ बेच दिया। बंगाल इंडिगो कंपनी ने इसे 1896 में टी.आर. फीलगेट को बेच दिया। नील की कीमतें गिरने और फसल खराब होने के कारण 1901 में फैक्टरी बंद हो गई। बहरोली फैक्टरी के मैनेजर निम्नलिखित व्यक्ति थे—ई.जी. विलियम्स 1885 तक, आर.सी. फिलीप्स 1893 तक, टी.आर. फीलगेट 1901 तक। विलियम्स ने 1884 में बिहार में पहली बार नील के पौधों की खरीद उसके वजन

के आधार पर करने की शुरुआत की। विलियम्स घोड़ों के शौकीन थे और बहरोली में उन्होंने दौड़ में शामिल होनेवाले घोड़ों का एक अस्तबल बनाया। बहरोली फैक्टरी परिसर में किसी की कब्र नहीं है। बहरोली के आसपास की जमीन के लगान ऊँचे हैं। वर्तमान में यह फैक्टरी बंद है।

हरिहरपुर एवं नवादा
(Hariharpore and Nawadah F.C.I.)

हरिहरपुर की फैक्टरी के मालिक काजी रमजान अली थे, अरोह की फैक्टरी के मालिक भी काजी रमजान अली ही थे। काजी ने हरिहरपुर की फैक्टरी मैकलीन के हाथों साठ के दशक के प्रारंभ में बेच दी। मैकलीन ने इस जगह का परित्याग कर दिया जिसके कारण जिस जमीन पर फैक्टरी है, उसके मुकर्ररी के मालिक ने लगान नहीं चुकाने के कारण फैक्टरी पर अपना कब्जा कर लिया। उन्होंने इस फैक्टरी को स्टीफन कूपर को बेच दिया। जब कूपर हरिहरपुर गए तो शीघ्र ही मैकलीन भी वहाँ लौट आए और कूपर को वहाँ से चले जाने को मजबूर कर दिया। तब कूपर ने हरिहरपुर के निकट नवादा में एक फैक्टरी स्थापित की। कुछ दिनों तक दोनों में शत्रुता रही। अंततः मैकलीन ने हरिहरपुर छोड़ दिया, फलतः फैक्टरी भी बंद हो गई। कूपर की मृत्यु के बाद उनके भाई सैम कूपर, जो अफीम विभाग में काम करते थे, ने नवादा फैक्टरी का जिम्मा ले लिया और एक या दो वर्षों तक उन्होंने फैक्टरी चलाई। 1872 में आर. फिलिप्स इस फैक्टरी के मैनेजर बने और उनके बाद टूलौच ने एक वर्ष के लिए मैनेजर का दायित्व सँभाला। लौरी ने 1874–75 में इस फैक्टरी को खरीद लिया और 1885 तक इसे चलाया। हरिहरपुर फैक्टरी जिस जमीन पर बनी थी, उसके मालिकों ने पुनः इस पर कब्जा कर इसे जोन्स के हाथों बेच दिया। 1876–77 में जोन्स से लौरी ने फैक्टरी खरीदी और इसका विलय नवादा की फैक्टरी के साथ कर दिया। लौरी ने इसे 1885

में छोड़ दिया और वे बाँसघाट की फैक्टरी चले गए। लौरी की जगह एलियट ने ली और नवादा प्रतिष्ठान में एलियट तीन वर्षों तक रहे। उनके बाद एक्सहा, बोनर हडिंग, इलिस ने क्रमशः नवादा फैक्टरी को सँभाला। 1894 में लौरी ने नवादा की सोलह आने हिस्सेदारी ले ली और नवादा के प्रबंधन की जिम्मेदारी भी उन्होंने सँभाल ली। जब उन्होंने पाया कि फैक्टरी से आशातीत मुनाफा नहीं हो रहा है तो लौरी ने एच. वाकर को यहाँ का मैनेजर बनाकर खुद दूसरी जगह चले गए। 1901 में लौरी ने नवादा फैक्टरी को ग्रेनमीली के हाथों बेच दिया जिन्होंने 1902–03 तक फैक्टरी चलाई और उसके बाद इसे बंद कर दिया गया।

जोगापुर (Jogapore K.Macl.J.)

जोगापुर की फैक्टरी 1863 में मि. जेम्स ने स्थापित की थी। उन्होंने मोहम्मद याकूब खान नाम के एक स्थानीय निवासी को इस फैक्टरी का मैनेजर नियुक्त किया था। 1864 में उन लोगों ने इस फैक्टरी की दो सहायक इकाइयाँ बसोपल्ली और कहल्ला में बनाईं। कहल्ला में जेम्स ने साईरील इरविन को मैनेजर और उनके भाई डब्ल्यू. इरविन को असिस्टेंट नियुक्त किया। जेम्स जब आर्थिक संकट में आ गए तो 1866 में के. मैकलियोड ने जेम्स से इन फैक्टरियों को खरीद लिया। के. मैकलियोड के अपने घर चले जाने पर इन फैक्टरियों का स्वामित्व टॉम मार्टिन के पास आ गया और उन्होंने बसोपल्ली में डोनाल्ड रीड को मैनेजर तथा वाल्टर मैकेंजी को उनका असिस्टेंट नियुक्त किया जबकि कहल्ला में जॉन रीड को मैनेजर बनाया। 1867 में के. मैकलियोड ने बसोपल्ली जावेद हुसैन को बेच दी। डोनाल्ड रीड को सुदोह फैक्टरी में मैनेजर बना दिया गया। 1867 में जोगापुर की फैक्टरी में टॉम फ्रेजर मैनेजर बने और फ्रेंक हेमले को उनका असिस्टेंट बनाकर कहल्ला भेजा गया। फ्रेजर ने 1868 में चौकी में एक संबद्ध फैक्टरी स्थापित की। 1869 में फ्रेजर ने इस जगह को छोड़

दिया और वे मोतीपुर प्रतिष्ठान बतौर मैनेजर चले गए। कहल्ला में डब्ल्यू. स्मिथ को मैनेजर बनाया गया और हैरी फ्रेजर को उनका असिस्टेंट। हूग मैकडोनाल्ड को चौकी का मैनेजर बनाया गया। डब्ल्यू. स्मिथ ने 1878 तक कहल्ला की जिम्मेदारी सँभाली और उसके बाद कहल्ला में असिस्टेंट के रूप में कार्यरत अर्गस मैकइवेन को वहाँ का मैनेजर बनाया गया। कुछ समय बाद कहल्ला में मैक इवेन की जगह मार्टिन ने ली और एम. हचिंस चौकी फैक्टरी भेजा गया। मार्टिन ने इस जगह को 1881 में छोड़ दिया और परतबपुर की फैक्टरी का प्रभार ले लिया। एम. हचिंस कहल्ला तथा हूग मैकडोनाल्ड चौकी फैक्टरी चले गए। हूग मैकडोनाल्ड वहाँ 1883 तक रहे और बीमार होने के कारण वे अपने देश चले गए और वे इस देश में कभी वापस नहीं आए। 1882 में मैलकम मैकडोनाल्ड ने कुछ समय के लिए जिम्मेदारी सँभाली जब मैकइवेन घर चले गए थे। मैकइवेन जब पुनः 1884 में घर गए तो एम. हचिंस ने एक वर्ष तक फैक्टरी को चलाया। मैकइवेन ने 1885 में पुनः इस फैक्टरी का प्रभार अपने जिम्मे ले लिया और वे यहाँ दिसंबर 1887 तक रहे। इसके बाद वे अपनी स्वयं की फैक्टरी, जो जामापुर में थी, वहाँ चले गए।

परतबपुर (Portaubpore K.Macl.P)

परतबपुर की फैक्टरी बनाने का श्रेय डब्ल्यू. जोन्स को है जिन्होंने वहाँ कुछ जोड़े वैट्स बनाकर इस बेहतरीन प्रतिष्ठान की शुरुआत की। लेकिन आर्थिक समस्याओं के कारण उन्होंने इसे के. मैकलियोड के हाथों बेच दिया। मैकलियोड ने यहाँ जॉन एंडरसन को मैनेजर बनाया, जो पूर्व में चितवारा, तिरहुत में थे। बंकट एक पुरानी बंद फैक्टरी थी जिसे 1857-58 में एक संबद्ध फैक्टरी के तौर पर पुनः खोला गया। इस संबद्ध फैक्टरी को अब, 1904-05 में एक चीनी फैक्टरी में परिणत कर दिया गया है, जहाँ आधुनिक मशीनें लगी हुई हैं। 1858 में लाक्लीन

मैकडोनाल्ड ने यहाँ की फैक्टरी में आठ आने की हिस्सेदारी ले ली और जॉन एंडरसन के हटने के बाद उन्होंने इसका प्रबंधन भी अपने जिम्मे ले लिया। मैकडोनाल्ड यहाँ 1863 तक रहे। और उसके बाद उनके भाई नील ने यहाँ का प्रभार अपने जिम्मे ले लिया और वे यहाँ 1866 तक रहे, उनके बाद एम. मैकडोनाल्ड को यहाँ का मैनेजर बनाया गया। नील ने अपने मैनेजर काल में चकीया फैक्टरी का निर्माण 1864 में किया और आर्थर कासर्ट को वहाँ का असिस्टेंट बनाया था। 1865 में जगदीशपुर की स्थापना हुई थी जहाँ ए. मैकइलिस्टर बतौर असिस्टेंट रखे गए। जब एम. मैकडोनाल्ड ने परतबपुर का प्रभार ले लिया तब जगदीशपुर को सब-मैनेजमेंट के रूप में परिणत कर मैकइलिस्टर को जगदीशपुर का सब-मैनेजर बना दिया गया और चकीया का असिस्टेंट भी उन्हें ही बनाया गया। 1869 में गमौर फैक्टरी का निर्माण किया गया और जे. टलोच को वहाँ असिस्टेंट बनाया गया। इस संबद्ध फैक्टरी को 1871 में जावेद हसन और उनके भाई गुलाम हसन के हाथों बेच दिया। 1871 में रतासा फैक्टरी की स्थापना की गई और जे. टलोच को वहाँ के प्रबंधन के लिए भेजा गया। अगस्त 1871 में मैक इलिस्टर के निधन के बाद टलोच को जगदीशपुर का सब-मैनेजर बनाया गया। बस्कीन को जगदीशपुर का प्रभार दिया गया, जो चकीया में अपना मुख्यालय बनाकर यहाँ का भी काम देखते थे। वालर को जगदीशपुर और टलोच को रतासा भेजा गया। एम. डोनाल्ड संपूर्ण प्रतिष्ठान का प्रबंधन कार्य देखते रहे और जब उन्होंने इस जगह को छोड़ा तो उन्होंने अपना प्रभार जॉन रॉबर्टसन को सौंप दिया, जो 1893 तक वहाँ रहे। उनके बाद जे.ए.एम. विल्सन मैनेजर बनाए गए और उनके पश्चात् जैक कैंपबेल; उनके बाद वहाँ अनेक लोग मैनेजर बनकर आए। चकीया को एक अलग प्रतिष्ठान बना दिया गया। जब बस्कीन की मृत्यु हो गई तो मिंडेन मैकेंजी ने चकीया की जिम्मेदारी सँभाली और जब मैकेंजी ढुरिया फैक्टरी गए तो सीले

को चकीया का प्रभारी बना दिया गया। मैकइलिस्टर को जगदीशपुर में दफनाया गया था। मार्टिन की मृत्यु रतासा में हुई और उन्हें वहीं 1885 में दफनाया गया। मिस एन्नी रॉबर्टसन की मृत्यु टाइफाइड बीमारी से 1887 में चकीया में हुई थी और उन्हें छपरा में दफनाया गया था। जॉन फ्रेजर का निधन भी उसी वर्ष हुआ था और उन्हें भी छपरा में दफनाया गया। एम. मैकडोनाल्ड ने परतबपुर में सोलह वर्षों तक मैनेजर की जिम्मेदारी सँभाली। एम. मैकडोनाल्ड ने 1863 में अरोह प्रतिष्ठान में असिस्टेंट के रूप में भी काम किया था। वर्तमान में परतबपुर प्रतिष्ठान अनेक मैनेजमेंट में बँट चुका है। जी. हे परतबपुर में तथा डब्ल्यू. मैकेंजी चकीया में हैं। परतबपुर में नील मैकडोनाल्ड की भी हिस्सेदारी है।

राजापट्टी (Rajahputtee G.W.L. & Co.)

राजापट्टी की फैक्टरी का निर्माण भी विल्सन ने उसी वर्ष किया था जब रामकोला का निर्माण हुआ था। यह संपत्ति अनके हाथों से गुजरते हुए लीह्वेलीन की संपत्ति बनी और एम. मैकेंजी इसके मैनेजर बनाए गए। मुझे इसकी कोई जानकारी नहीं है कि इस फैक्टरी का क्या हश्र हुआ। 1852–53 में मोनेसियर ला रोच वहाँ के मैनेजर थे जिनके बाद वीनग्रोव आए। मुझे नहीं मालूम कि वे एक मालिक की हैसियत से वहाँ थे या नहीं। वे एक अच्छे वृद्ध पुरुष थे। वे प्रायः रात के भोजन के बाद फ्रेंच गाना गाया करते थे।

रामकोला (Ramkola J.F.C.)

रामकोला की फैक्टरी का निर्माण विल्सन, जो ए.सी.ई. या ई. विल्सन थे, (डब्ल्यू. विल्सन के भाई) ने किया था। 1836 में सिंधिया के एफ.एच. फिट्गेराल्ड ने रामकोला के साथ सीमा का अनुबंध किया

था, अतएव स्पष्टत: रामकोला की फैक्टरी उस समय से है। विल्सन एक आयरिश थे। वे जब भारत आए उस समय से सारण में रह रहे थे। बड़े भाई ए.सी. विल्सन की मृत्यु 27 वर्ष की उम्र में 22 सितंबर, 1827 को रामकोला में हुई थी और उन्हें वहीं गार्डेन में दफनाया गया था। जे.एफ. क्यूरटीस की पत्नी, जिनका देहांत 32 वर्ष की उम्र में हुआ था, उन्हें भी 1868 में यहीं दफनाया गया था, जे.एफ. क्यूरटीस की मृत्यु 52 वर्ष की उम्र में 1879 को हुई थी, उन्हें भी यहीं दफनाया गया। हूग लीह्वेलीन ने यहाँ का प्रभार 1865–66 में लिया। एम. मैकनमारा ने घोरहा में 1878 में एक संबद्ध फैक्टरी बनाई थी, जो अब विलुप्त हो गई है।

सदोह (Sadowah Concern K. Mcl. and C.MCK.)

सदोह प्रतिष्ठान में निम्नलिखित फैक्टरियाँ शामिल थीं—सदोह, ई. विल्सन द्वारा 1819 में स्थापित, सिपाया, डब्ल्यू. विल्सन द्वारा 18 24–25 में स्थापित, मुनियारा कुक द्वारा 1867 में स्थापित, तथा तीरबीनी 1887–88 में स्थापित। इन सभी फैक्टरियों को सदोह प्रतिष्ठान के रूप में जाना जाता है। 1888 में इस प्रतिष्ठान को विभक्त कर दिया गया और इसका प्रबंधन कार्य डी.एन. रीड के जिम्मे आ गया। मुनियारा फैक्टरी के मैनेजर निम्नलिखित हुए—1867 जे. डब्ल्यू. पगहे, 1868 एल.जे. कुक, 1874 डी.सी. रीड, 1875 ए. बस्कीन, 1877 जे.ए. रीड, 1880 हू जॉनस्टोन, 1881 जे.ए. रीड, एल.डी. रीड, 1883 सी.डी. एच. विल्सन तथा सी.ए. मैकेंजी, 1883–87 हू जानस्टोन, 1888 डी.एन. रीड, 1892 सी.ए. मैकेंजी, 1893 जी.आर. मैकडोनाल्ड, 1898 जे.एस. डौड, 1899 जी. एन मैकडोनाल्ड, 1899 से अभी तक (1905) जॉन मैकीनन। सदोह फैक्टरी के मैनेजरों की सूची मुझे अभी तक उपलब्ध नहीं हो पाई है। लेकिन जहाँ तक मुझे याद है, 1852–53 और उससे कुछ वर्ष पूर्व

एडवर्ड विल्सन वहाँ के मैनेजर थे तथा उनके भाई विलियम सिपाया के मैनेजर थे। वृद्ध बिल एक हँसमुख इनसान थे। वे शराब से दूर रहते थे। मुझे याद है कि शराब पीने के विषय पर एक पार्लियामेंटरी कमिश्नर के द्वारा साक्ष्य एकत्र किए जा रहे थे। उनका प्रश्न था, "क्या कभी डी.टी. लिया है ?" इसका उत्तर लोगों ने प्रायः दिया—"एक या दो बार।" जब वृद्ध बिल से पूछा गया तो उन्होंने कहा, "मैंने केवल एक बार लिया है और वह भी खराब शराब थी।" नेड विल्सन एक संतुलित वृद्ध इनसान थे। उनकी मृत्य के पश्चात् सदोह की फैक्टरी को बेच दिया गया और उन्होंने अपनी पत्नी के लिए एक लाख रुपए से अधिक रख छोड़ा था। मिसेज ई. विल्सन ने सी.वी. अर्ग्लेस की पुत्री को गोद लिया और उन्हें वे अपने साथ लेकर घर चली गईं। अपनी मृत्यु के बाद उन्होंने अपना सारा धन उनके लिए ही छोड़ा था।

सीरीपुर (Seereepore)

सीरीपुर प्रतिष्ठान के मालिक हथुआ के महाराज इंद्र प्रताप सहाय थे। नील मैकडोनाल्ड के सहायक रहे मैलकम मैकडोनाल्ड ने इसकी स्थापना की थी। एक दिन उन्हें चकीया से बुलाकर कहा गया कि वे सीरीपुर के दुलारपुर स्थान पर, जो चकिया से नौ मील की दूरी पर अवस्थित था, जाएँ और वहाँ राजा के लिए एक फैक्टरी का निर्माण करें। उन्होंने वहाँ जाकर एक टेंट में अपना निवास बनाया और फैक्टरी स्थापित की। प्रथम वर्ष छोटी जगह एवं छोटे पैमाने पर नील की खेती की गई। दो जोड़ी मैट्स लगाए गए और 250 बीघा जमीन में नील की खेती की गई जिससे 75 मन नील तैयार किया गया। दूसरे वर्ष वहाँ 18 जोड़ी मैट्स लगाकर प्रेस हाउस बनाया गया तथा एक बँगला भी बनाया गया। 2900 बीघा जमीन में नील की खेती की गई। इस वर्ष 700 मन नील का उत्पादन हुआ।

1866 में इस स्थान का प्रभार नील मैकडोनाल्ड ने लिया और एम. मैकडोनाल्ड परतबपुर चले गए। 1867 में सीरीपुर की एक संबद्ध इकाई अमकापुर में स्थापित की गई और यांकी मैकडोनाल्ड को वहाँ असिस्टेंट बनाकर भेजा गया। उनके बाद वहाँ मार्क बस्कीन गए। नील मैकडोनाल्ड फरवरी 1869 तक वहाँ के मैनेजर रहे और उनके घर चले जाने के कारण उनकी अनुपस्थिति में मार्क बस्कीन को वहाँ का प्रभारी बनाया गया। नील ने घर से वापस आकर पुनः यहाँ का प्रभार ले लिया, लेकिन 1871 में उन्होंने देश छोड़ दिया। उनके चले जाने पर बस्कीन को मैनेजर बना दिया गया और अमकापुर में बतौर असिस्टेंट पिंचर ब्राउन को भेजा गया। 1875 में बस्कीन को हथुआ एस्टेट का मैनेजर नियुक्त किया गया जबकि पिंचर ब्राउन को सीरीपुर और अमकापुर के अदलाम फैक्टरी का मैनेजर नियुक्त किया गया। अस्सी के दशक के प्रारंभ में हथुआ राजा ने नील प्रतिष्ठान को बंद कर दिया जबकि इस फैक्टरी से अच्छा-खासा मुनाफा हो रहा था। कुछ ब्राह्मणों ने राजा को सलाह दी थी कि उनको तब तक पुत्र की प्राप्ति नहीं होगी जब तक वे नील की खेती करते रहेंगे। सीरीपुर अब एक फार्म के तौर पर ही काम कर रहा है।

जामनपुर, भामो, गोपालपुर, गेअर, जाटेपुर, केहमीया (Zamanpore, Bhamo, Gopalpore, Geurs, Jatepore, Kehumia)

जामनपुर, भामो, गोपालपुर, गेअर जाटेपुर और केहमीया की फैक्टरियाँ हाल के दिनों की हैं। इनमें से कुछ फैक्टरियाँ अब बंद हो गई हैं और कुछ छोटे पैमाने पर चल रही हैं। मेरे पास इसकी जानकारी उपलब्ध नहीं है कि इन फैक्टरियों की स्थापना किन लोगों ने की। केहमीया फैक्टरी को कुछ समय के लिए चीनी फैक्टरी का रूप दिया गया था, लेकिन मुझे नहीं मालूम कि अभी वहाँ चीनी फैक्टरी काम कर रही

है अथवा नहीं। सीतलपुर की फैक्टरी सारण की सबसे पुरानी फैक्टरी है। वहाँ के एक सबसे वृद्ध स्थानीय निवासी ने बताया कि इस फैक्टरी की स्थापना वाल साहेब ने की थी। इस फैक्टरी की स्थापना संभवतः 1801 में की गई थी। इन बातों की पुष्टि छपरा के कलेक्टर ऑफिस के पुराने रिकॉर्ड से भी होती है। वाल ने इस फैक्टरी को फिंच के हाथों बेच दिया था और उस बिक्री डीड में, जो 1818 का है, उल्लेख है कि इस फैक्टरी के प्रथम मालिक वाल थे। फिंच ने जीगलर की फैक्टरी की स्थापना इसकी खरीद के अनेक वर्षों बाद की थी। फिंच ने अपने भतीजे डी. मेइस को सीतलपुर की फैक्टरी दे दी जिन्होंने इसे जे. स्टालकार्ट को बेच दिया। जे. स्टालकार्ट ने सीतलपुर फैक्टरी 1865 में के. मैकलियोड के हाथों बेच दी। जियो टूमे वहाँ कुछ समय के लिए मैनेजर बनकर गए। के. मैकलियोड ने अब्दुल अली और काजी रमजान अली को फैक्टरी बेच दी। उन लोगों ने 1870 में छपरा के बैंकर्स गणेश लाल और गोपाल दास के हाथों इस फैक्टरी को बेच दिया। उन लोगों से रूनी, दोगल, कफीन तथा लाकहर्ट ने सीतलपुर की फैक्टरी खरीद ली। कुछ वर्षों के पश्चात् रुनी दोगल ने अपनी हिस्सेदारी कफीन एवं लाकहर्ट को बेच दी। नील फैक्टरी के तौर पर इस प्रतिष्ठान को 1900 में बंद कर दिया गया। कफीन तथा लाकहर्ट ने वहाँ की अपनी संपत्ति पटना के बैंकर्स मोहम्मद खान तथा सैयद अलताफ हुसैन के हाथों बेच दी।

यहाँ पर सारण की फैक्टरियों का इतिहास लिखने का मेरा काम पूरा होता है। मैं आशा करता हूँ कि यदि मैंने किसी प्रकार की गलती की है तो उसे मेरे मित्रगण सुधार देंगे।

परतबपुर (Pertabpore)

उपर्युक्त तथ्यों को लिखते समय परतबपुर फैक्टरी के संबंध में मुझे कुछ जानकारियाँ हासिल हुई हैं, जो निम्नलिखित हैं—एल. मैकडोनाल्ड

ने परतबपुर फैक्टरी की अपने चार आने की हिस्सेदारी 1863 में नील मैकडोनाल्ड को बेच दी और कुछ समय बाद पुनः चार आने की हिस्सेदारी नील मैकडोनाल्ड को बेच दी। एल. मैडोनाल्ड इस फैक्टरी के सोलह आने के मालिक 1861 में थे। उन्होंने उस समय आठ आने की हिस्सेदारी 5,000 रुपए में खरीदी थी और आखिरी आठ आने की हिस्सेदारी 1,50,000 रुपए में खरीदी थी; यह दरशाता है कि इस स्थान की कीमत में किस प्रकार वृद्धि हुई थी। स्व. नील मैकडोनाल्ड के प्रतिनिधि अभी भी इस फैक्टरी के आठ आने के हिस्सेदार हैं तथा लाउचीलीन मैकडोनाल्ड आठ आने के हिस्सेदार हैं। एक संबद्ध इकाई बंकट, जो एक पुरानी चीनी फैक्टरी थी, की स्थापना 1851 में मि. डब्ल्यू. जेम्स ने के. मैकलियोड के लिए की थी और डब्ल्यू. जेम्स इसके मैनेजर थे। 1854 में परतबपुर फैक्टरी, बंकट की एक संबद्ध इकाई के तौर पर मि. जेम्स द्वारा स्थापित की गई थी। के. मैकलियोड ने बंकट और परतबपुर में अपने आठ आने की हिस्सेदारी जॉन एंडरसन को बेच दी। इसके बाद जेम्स वहाँ से चले गए और बरहोगा में उन्होंने एक फैक्टरी स्थापित की। जेम्स को यहाँ परेशानियाँ हुईं जिसके कारण केंथ मैकलियोड ने इस स्थान का अधिग्रहण कर लिया और इसकी आठ आने की हिस्सेदारी टॉम स्लेड को बेच दी। इसके बाद जेम्स बेरोजगार होकर अरोह चले गए और वहाँ से उन्होंने जोगापुर फैक्टरी की स्थापना की। यहाँ भी वे असफल हो गए जिनकी के. मैकलियोड ने आगे बढ़कर मदद की। इन दिनों सारण में नील क्षेत्र में तीन लोग प्रभावशाली थे—के. मैकलियोड, काजी रमजान अली और मि. जेम्स। के. मैकलियोड ने उन लोगों की आर्थिक मदद की और उन लोगों ने सारण जिले को एक समृद्धशाली जिला बना दिया।

□

निष्कर्ष

इस बात की संभावना तो नहीं है कि नील कभी कृत्रिम रंजकों का स्थान ले पाएगा और दुनिया में नीलवर्णी रंजक के रूप में अपना वही पुराना मुकाम हासिल कर पाएगा, जो कभी इसका हुआ करता था। कृत्रिम रंजक एक तो सस्ते हैं और उनसे रँगाई भी अच्छी होती है। बहरहाल, फैशन तथा साज-सज्जा की चीजों के बाजार में प्राकृतिक नीलरंजक के लिए जबतक ललक रहेगी, एशिया तथा विश्व की अन्य जगहों पर नील किसानों के खेत में उगाया जाता रहेगा। नई पीढ़ी के किसानों के लिए यह एक नई-नवेली फसल है और खरीदारों के साथ निकट संपर्क साध लिये जाते हैं तो प्राकृतिक नील की खेती करना भविष्य की दिशा में उठा एक कदम साबित हो सकता है।

□□□